U1014747

［法］汪德迈（Léon Vandermeersch）

汪德迈（Léon Vandermeersch），1945 年就读于巴黎东方语言文化学院学汉语与越南语，同时在巴黎索尔邦大学学哲学与法律。1948 年获得汉语本科文凭，1950 年获得越南语本科文凭，1951 年获哲学硕士与法律学博士。1962 年获法国高等社会研究院法家研究硕士，1975 年以中国古代体制论文获得法国国家博士。法兰西学院通讯院士、法国远东学院原院长，法国高等社会科学研究院教授，北京师范大学荣誉教授。主要研究甲骨文、儒法家思想、中国古代政治制度、中国思想史，以及受中国文化影响的国家（韩、日、越）文化史。

主要出版专著七部，论文逾百篇。获法兰西学院儒莲奖（Prix de Stanislas Julien）、法兰西学院金石美文学院最重要的奥马乐奖（Prix du duc d’Aumale）、法国国家荣誉军团骑士勋章（Chevalier de l’ordre de la Légion d’Honneur）、法国教育荣誉勋位（Officier de l’Ordre des Palmes académiques）、日本神器金银星（Etoile d’or et d’argent de l’Ordre du Trésor sacrédu Japon）、中国政府中华图书特殊贡献奖。

汪德迈全集 ❸

跨文化中国学

（上）

［法］汪德迈（Léon Vandermeersch）　著

中国大百科全书出版社

图字：01-2020-5416

图书在版编目（CIP）数据

跨文化中国学．上／［法］汪德迈著．—北京：中国大百科全书出版社，2020.9

（汪德迈全集③）

董晓萍、［法］金丝燕主编“跨文化研究”丛书

ISBN 978-7-5202-0838-3

Ⅰ.①跨… Ⅱ.①汪… Ⅲ.①中华文化—研究

Ⅳ.①K203

中国版本图书馆CIP数据核字（2020）第178353号

策 划 人 郭银星

责任编辑 郭银星

封面设计 程 然

版式设计 博越创想

责任印制 魏 婷

出版发行 中国大百科全书出版社

地 址 北京市阜成门北大街17号 **邮政编码** 100037

电 话 010-88390093

网 址 http://www.ecph.com.cn

印 刷 小森印刷（北京）有限公司

开 本 710毫米×1000毫米 1/16

印 张 10.75

字 数 65千字

印 次 2020年10月第1版 2020年10月第1次印刷

书 号 ISBN 978-7-5202-0838-3

定 价 66.00元

本书如有印装质量问题，可与出版社联系调换。

董晓萍　［法］金丝燕主编

“跨文化研究”丛书（96）

教育部人文社会科学重点研究基地重大项目

“跨文化学理论与方法论”

（项目批准号：16JJD750006）

综合性研究成果

教 育 部 人 文 社 会 科 学 重 点 研 究 基 地

北 京 师 范 大 学 民 俗 典 籍 文 字 研 究 中 心

北京师范大学跨文化研究院敦和学术基金

资助出版

出版说明

汪德迈（Léon Vandermeersch），1928年出生于法国。1945年就读于法国东方语言文化学院，学习汉语与越南语，1948年获得汉语本科文凭，1950年获越南语本科文凭。同时就读于法国索邦大学，主攻哲学与法律，1951年获哲学硕士与法律学博士。1962年，获法国高等社会科学研究院法学研究硕士。1975年，以中国古代体制研究的论文获法国国家博士。曾赴香港大学，师从饶宗颐。曾在日本学习和工作，师从日本京都大学重泽俊郎、小川环树、吉川幸次郎，以及日本同志社大学内田智雄。曾在越南西贡和河内任中学教师。后受聘于法国远东学院，为越南河内大学西贡法学院研究员、法国远东学院研究员，兼任河内路易·飞诺博物馆馆长。期间再返日本京都、香港任职。1960年代中期返回法国，历任埃克斯－普罗旺斯大学中国语言与文化讲师、教授，巴黎第七大学教授、法国高等社会科学研究院研究员、日佛会馆馆长、法国远东学院院长。法兰西学院金石美文学院通讯院士。已出版主要著作七部（法文版），发表论文百余篇。获法兰西学院儒莲奖、法兰西学院金石美文学院奥马乐奖、法国荣誉军团骑士勋章、法国教育荣誉勋位、日本神器金银星、中国政府中华图书特殊贡献奖。

汪德迈先生是著名法国汉学家，由法国大汉学家沙畹（Edouard Chavannes）和戴密微（Paul Demiéville）一脉相传。他是欧洲第一个掌握甲骨文的学者，在传统法国汉学的基础上，吸收中国国学、日本汉学和越南汉学的成果，并运用甲骨文考古学成果，对中国古代社会制度、中国儒学、中国哲学史、中国思想史、汉文化圈和中国文学的独特起源等，开展持之以恒的研究。他摒弃以往套用西方概念研究中国和分门别类地做中国学问的局限，摒弃偏见，一切从中国资料实际出发，指出中国文化与中国社会的系统关联性，开展整体研究。他的研究独立而创新，具有严密的理论体系和科学的方法论，建立了法国汉学研究的新模式，奠定了汪德迈中国学的坚实基础。

《汪德迈全集》是首次在中国出版的汪德迈先生的学术著作集成，经汪德迈先生授权，由中国大百科全书出版社出版。这部大型的海外汉学家著作，全面反映了汪德迈先生的学术成就，展现了汪德迈中国学的学术精髓。

《汪德迈全集》，全 10 册，目次如下：

《中国教给我们什么》

《中国思想的两种理性：占卜与表意》

《跨文化中国学》(上)

《跨文化中国学》（下）

《中国文学的独特起源》

《新汉文化圈》

《中国学论稿》（上）

《中国学论稿》（下）

《王道》（上）

《王道》（下）

汪德迈先生从事汉学研究长达70余年，以卓越的学术成就和巨大的社会声望，赢得了法国、乃至欧亚学术界的崇高敬意。《汪德迈全集》的出版，不仅对西方世界全面评价中国文化和中国社会大有帮助，而且对中国人从一个西方汉学家的角度认识中国优秀传统文化的价值也有启发。

汪德迈先生关心中国学研究的全球推进，2016年，法兰西学院设立汪德迈中国学奖，实现了他的这一心愿。汪德迈中国学奖的主旨，是在世界范围内奖励研究中国文化取得公认成就的优秀学者，目前已颁发两届。

汪德迈先生热心推动中法高等教育事业的交流，与中国教育部国家重点高校建立了长期的学术联系。自20世纪晚期至今，他曾多次到北京大学访问和讲学，与汤一介和乐黛云教授夫妇结下了深厚的学术友谊。2016年，北京师范大学跨文化研究院成立，汪德迈先生每年一度来到北京，为北京师范大学跨文化学研究生国际课程班亲自授课，连续五年，不曾间断。他所阐释的中国能令中国人信服，他的演讲给中国研究生留下了极为深刻的印象。《汪德迈全集》中的部分新著就出自汪德迈先生为这些讲座而专门撰写的讲稿，再经过补充和修订而成。

《汪德迈全集》在中国的出版，是法国阿尔多瓦大学文本与文化研究中心、北京师范大学跨文化研究院、敦和基金会与中国大百科全书出版社通力合作的结果。我们希望更多的中国学者和广大中文读者了解汪德迈中国学，推动中法学术交流。在《汪德迈全集》出版的同时和稍后，我们还会出版其他国家著名汉学家的著作，在更广泛的意义上，扩大汪德迈中国学的中国影响和国际影响，促进中国学术与世界学术进一步加强沟通和深化理解，这也应该是汪德迈先生本人和编者所共同期待的前景。

董晓萍　金丝燕

2020 年 3 月 2 日

北京—巴黎

目录

第一章

汉字与《易经》[1]

——在中国文化书院的演讲

一、汉字源于龟卜

许多学者认为汉字的起源应该是半坡与大汶口遗址出土陶器上类似象形文字的图画。然而，若提到文字，便令人想到某些符号的相互组构，而在此之前，没有文字，仅有单一的符号。所以中国文化里最初出现的文字，只源于卜辞，因为仅仅在卜辞

① 此为作者于2010年9月在中国文化书院的讲稿，原文的题目为《从文字的创造到〈易经〉系统的形成：中国原始文化特有的占卜学》，原载《跨文化对话》2011年第28辑，第183～192页。本次出版时作者做了一些修改和合并。

中文字之间开始有关联性的特点。

关于这一点，有人提出反对的论点是：甲骨文进化到它所有的形态之前，肯定已有一种文字，初时为原始形态，后逐渐改进，不过，我们今天已无迹可寻，因为这些文字所凭借的媒体，如树皮、木头、动物皮或其他媒介物等，皆因容易腐蚀，已消失得无影无踪。仅甲骨文留存。

我反对这一观点，因为有比甲骨文更经久的文字媒体，那就是铜器。我们今天甚至还有保存得非常完整的金文史料。然而，虽然第一个铜器出现于西元前1600年，二里头遗址的商朝那一地层上[①]，但也不过是两个世纪后的武丁在位末期，才出现最初的有金文的铜器（其铭文尚未成长）。在此之前，跟陶器一样，也有的铜器上刻有图画的，但是从来没刻过文字。而铜器上的文字，不过是在甲骨文的文

① 郑光：《二里头的发掘》，郑杰祥主编：《华夏文化论集》，北京：文物出版社，2002年第II期，第784～785页。

字体系已经发展得非常完整后才出现，所以我认为甲骨文之前中国没有文字。

然而，甲骨文中出现的文字体系为什么突然一下子那么完整，这又如何解释呢？我的看法是，这一体系本身不是语言的传达工具，而是占卜学所用的准科学性的工具，是经过长时期渐趋完善的占卜学问所孕育出的。

二、占卜学的合理性与中国新石器时代占卜制度的演变

至今，仍有不少与在新石器时代的中国人同种的大草原民族依旧沿用的骨卜制度，但他们的占卜方法仍然很粗糙。相反，商朝以前龙山文化时代的中国人所使用的占卜技术则已十分精湛发达。

首先，可以看出的是，由龙山文化末期，进入

岳石文化，当时之所以用龟甲占卜是因为乌龟本身就代表整个宇宙的形象（圆形体的背甲象征“天”，四方形的扁腹甲象征“地”）：以乌龟为宇宙的缩影，在这几乎可说合乎实验科学精神的程序下进行占卜，使占卜技术更显合理。

其次，距二里岗北边不远，与它类似的下七垣遗址处，发现了龟甲，其反面上施以钻凿的痕迹（整体看来，“钻”出来的形状呈正圆形，“凿”出来的则呈椭圆形）；这种技艺难度极高，要在骨胛或龟甲上挖出小洞，商朝以前就已经出现过：因为龟骨硬得不易致坼，在其上挖小洞能使龟骨变得薄些，容易烧灼见兆。可是为什么要钻凿并施，使小洞这么复杂化呢？董作宾说：“凿之，所以正面易于直裂也；钻之，所以使正面易于横裂也；钻凿之后，灼于其处，即可使正面见纵横之坼文，所谓“卜”兆者也”。

商代占卜专家所以如此一板一眼地钻凿，目的并不仅仅使坼纹美丽化，而是使坼纹尽可能正规、标准化，以便能更清楚地依其形象判断吉凶。到了这个阶段，占卜技术已是十分合理，占卜学于是变成了一种准科学。下一个阶段就是文字的发明；而这个发明的源由，就是"卜"式的坼纹，开始被视为文字。

第三，文字的发明是甲骨文的创造。考古学家所发现的是，用钻凿方式所制作的骨龟片突然大量出现的遗址是在河南省的小屯。殷商于盘庚时期在此定都。但是，那里的大量骨龟片的产生年代并不早于武丁王朝，而是从武丁王朝才开始出现刻有文字的骨龟片。当时骨龟片的突然激增，一定是因为文字已经发明，骨龟片才可以有卜辞。其实，在登记占卜内容之前，庋藏骨龟片尚无意义；只要骨龟片上有卜辞，才能开始把它存档。

至于为什么武丁时代开始有卜辞的问题，我的回答如下：

那个时候，占卜专家常常用施行钻凿的方式，已经几十年。他们习惯了标准的“卜”式的坼纹，下定其类型使成一组（我看过，六七个为一组）[①]。但是，撇开标准坼纹的不同标本之差异，其模式“⊢”或者“⊣”不自觉地视作“占卜”的征象。为了称呼这个征象，据董作宾看来，专家用灼龟而爆裂的声作像声名（bu）[②]。然而标准的坼纹模式又有写法（卜），又有发音（bu），变成（原始）文字，意味着“占卜”的词。

从“卜”的写法和取名法来创造类似的（原始）文字而其间构成体系性的关系上推论，（原始）文字成为真的文字。

① 我想“卜”式的坼裂之类型不过五六种，因为我以为以后的甲骨上写的筮数一组就是同一题的。对于“卜”式坼裂的类型，参看台北故宫张光所做的重新灼卜的实验报告，台北：《故宫通讯》，总第 18 期，1983 年第 3/4 期，第 19 页。

② 董作宾：《商代龜卜之推測》，《安阳发掘報告·钻凿第六》，1929 年第 1 期。董作宾关于爆裂之声音的讨论，在该文的第 108 页；对钻凿之形式的讨论，在该文的第 95 页。

当时的占卜专家，因为想要把占卜内容登记在龟骨片上，所以就想出卜辞的系统，而且创造所需要数量的文字。关于这个过程，我再提出几点注解：

1. “卜”式的坼纹化成文字，证据就在“契”这个字的双关语上：如“契龟”一语（《诗经·大雅·绵》：“爰契我龟”）指的是“灼龟而产坼”；而另外“契文”一语则指的是“卜辞”。

2. 我们不应把（原始）汉字的“卜”字的性质与许久以来出现在陶器上的图画的符号性质混为一谈。图画的符号所归属的是物主或制作陶器的工匠，因此有专有名词的性质；“卜”字所归属的是坼纹所有的各种类型，因此有普通名词的性质。

3. 在卜辞中，占卜准科学上最重要的一部分是辞头的表示宇宙时间坐标的天干和地支的名词。然而，意味着干支的文字大部分（甲，乙，丙，丁…，巳，午，未，申…）是跟“卜”字一样非象形的字。我们晓得占卜专家创造文字的时候，不自觉地从

“卜”字得到启发，而且等到这个办法用尽后，再去找象形的字来使用（戊、戌）。

4. 卜辞的构成式不是句式，而是占卜学的方程式，大体如下，绝无例外：

A（干支）× B（贞人）：C（命辞）＝ D（占辞）

A，B，C，D 就是占卜涉及的资料；三个运算符号（×，：，＝）是关联的工具。

比方说，京都大学所藏的骨片“京大八四八”上刻的唯一完整的卜辞读如：“癸巳（A）卜（×）永（B）贞（：）旬亡祸（C）[王] 占（＝）[曰] 有灾（D）”。

这种构成式与其说是文章式，不如说是类似数学的方程式。我们可留意到三个关联的工具的文字：第一个（“卜”）是标准化坼纹的本身，第二个（“贞”）出自这个“卜”和“鼎”字（以后简写为“贝”）组合成的，第三个（“占”）也是由“卜”和下面的“口”组合成的。那件事情证明卜辞的构式关系到龟骨坼裂。

还应该补充一点，有的卜辞附加后辞。后辞有两种：一种是常常有的，注明月期；另外一种（验辞）是罕见的，注明占辞预测之结果实现了。但是，这些后辞并不属于卜辞原始状态，而是文言语言形状出现的开端。

原来的卜辞实际上与自然的语言有相当大的距离。有些学者认为这是由于最简陋的原始文章所呈现出的不完整面。正相反的，卜文的系统并不是原始文章，而是非常形式化的方程式，是为了满足占卜学的需要而产生的的类科学语言。

第四，甲骨文体系后期的演变。甲骨文原来是占卜者所发明的文字体系，以后发展成为官方文书的工具，见于铜祭器，以后又出现在所有用来作为档案保存的行政文件上，占卜者所发明的文字体系就如此演变成为文言文。

孔子，为了恢复王道的政治制度，审核、修改了所有的官方档案，将原本官方专用的文言文工具变成私人化的书写工具，为儒家专用，从此文言文就成为知识分子发表个人意见的媒介，中国自此开始有作者文学，由诸子率先开始。然而，由于文言文起源于占卜学一种非常形式化的文字体系，它一直持续保有与口语大不相同的特点。唐朝出现变文，汉字开始用来记录白话，而从文言文中产生出书面语，继续维持了原有的汉字精神，就是占卜性的精神：类似拆裂一样，每个字都神秘地含容一种超普通含义的神秘意义，只有书法家（像古代的占卜学着一样）融会美术（像占卜技术一样），能将之 显露，因此中国书 法很有其特点。

另外一方面，文字的创造使占卜技术进了一大步，成为算数式筮占。

三、从龟卜、筮占到《易经》

（一）数字卦不同于易卦

殷代的数字卦以前没有筮占。传说讲，易卦的传统可追溯至所谓伏羲演八卦，但这种说法果真有据可考吗？迄今发现的最早的数字原卦，要等到殷商后期。截至今日，据统计数字表明，此卦种尚存于龟甲16卦，刻于陶器及铜戈34卦[①]。在很长的一段时期它们是不可理解的。所幸张政烺先生终破谜底，以具有说服力的论据证明它们就是《易经》之卦的原始形式。问题在于如何说明其原始形式本体的状态和起源。

数字卦不同于易卦的主要特征有二：

---

① 宋镇豪：《谈谈“连山”和“龟藏”》，《文物》，2010年第2期，第35页。

第一，易卦以四个数字为本（营数：六－七－八－九）；原卦却以七个数字为要：一－五－六－七－八－九－十，这就与所有阴阳思辨说中的奇偶平衡原则完全不符。

第二，易卦通常以三爻一组、六爻一组（八卦：三爻之组；重卦：六爻之组）。数字原卦以六为常组，兼有三、四或五。这种尚未固定成型的态势，正好显示出原卦作为易卦的初始形态，远早于《易经》中确认的系统化占卜形式。

如果这些根本的差异迫使我们得出原卦并非简单的易卦变形的结论，那我们从何处觅其源头呢？可以肯定的是，此意仅能由兆纹之意衍生而来，在通常承载兆纹的龟甲中去寻求原卦的正意，将是一条通道。我以为，每个组成原卦的数字都有相应的“卜”字形坼纹对应，由该坼纹组成的兆纹则对应与原卦相同的卜兆，因为易卦系统起点也是基于此六或者七的数种而创成定式的。

将坼纹类型的估算定式作为数字原卦之源，是否有据可考呢？惜迄今为止，尚无殷末卜官施职之记载存世。依我之见，此乃从龟卜到易卦之最为合情理的解释。先代龟甲腹部之凿钻实践技术的提高和完善，使兆璺上卜字坼纹的标准化、统一化成为可能。凭借这种特殊的技艺，使各类坼纹得以区别、变异和发展，并最终形成六或者七个类，每一类都具备了自身特有的吉凶征兆（比如：吉兆是“卜首仰”，凶兆是“卜首俯”或是“身节折”，等等）。以此列，将坼纹类型以六、七种编了号码，至此，将繁琐复杂的灼龟手续演变为更加简单的抽签代表坼的记号定式。

坼纹类型的估算定式，坼纹图形的规范化，对于数字原卦的出现、以及而后文字体系的形成，都起到了一定的作用：此二者皆依同一心理元素。此外，简化后的新抽签辨坼程序，使易卦这一本以铭刻记录卜辞的中央垄断权利，延伸到更广阔的领域成为可能。至此，该简易的操作方式使得占卜成为普遍的问事手段，甚至连一些日常使用的器皿上也出现了针对日常事务占卜的大量数字原卦。

（二）数字卦源于龟卜

对于龟数字原卦是否因袭龟卜的问题，中国学者持正否两种观点。张政烺先生以为数字卦属于跟龟卜没有关系的占筮技术。反之，屈万里先生则认为本来就原于龟卜①。我在前面说过，我也认为本来原于龟卜。我的理由不同，我注意到龟卜技术合理化和科学化的进程，经过先前用整个宇宙形象的乌龟来进行占卜的第一个阶段，接着龟甲钻凿形式的第二个阶段，继续接龟甲上刻卜辞的第三个阶段，然则占卜逻辑上的卜纹合理化换成占筮逻辑上的数

① 屈万里：《易卦源于龟卜考》，台北：台湾“中央研究院”《历史语言研究所月刊》，1956 年第 27 号。

字卦合理化就是第四个阶段。

否认占筮可以来原于龟卜的汪先胜先生说："事实上甲骨兆纹没有规律的。《史记·龟策列传》说：'灼龟观兆，变化无穷'，因此，有规矩的卦不可能从无规则的龟骨兆出来"。这种说法是值得商榷的。"灼龟观兆，变化无穷"并不是指构成卜兆的龟甲坼纹没有规矩的形式。相反地，在龟甲反面施以钻凿挖出相当复杂的小洞，正是为了在正面灼出十分标准化的卜或是ㄔ形的"卜"式坼纹。这样标准化以后的坼纹，其独特的变种不是无穷而是很少的，大概是横纹向上／横纹向下／横纹水平／横纹节坼／横纹首部向上足肣／横纹分叉等。我们可以假设卜官所区别的卜式变种一共有六类。于是，只要把六个号码分给这些六类，就可以用很容易的抽号码手续替代非常复杂的灼归坼纹手续。

这样的进程有没有得到证实？由于我们尚未有关于殷代占卜程序的直接资料，回答自然还是否定的。我们也无法知道那个时代的卜官所区别出的变种到底怎样、究竟有几种（很可能先前是不一致的，大概专家有分歧的意见），但是原理上并没有别的观点可以解释占筮与龟卜之间不可置疑的紧密联系的征象：

数字原卦是跟卜纹一样被刻在龟甲上的；

卦字从‘圭’‘卜’，意味着“系列”（‘圭’＝四“—”联系起来）的“卜”；

尽管《易经》的卦辞比较晚，它们还保存很多与卜辞相似的语法成语的特点。

由号码替代卜纹，开启占卜学的科学化、合理化进程，最终引发数字原卦的数字学逻辑代替拆纹的形式相似性逻辑，进而有如下的进步。

（三）从数字原卦到《易经》的爻卦

1. 带有不确定数字组合的形态被修正，以六个数字一组的正规性卦得到确立

从龟卜的方法看，一事灼几卦是不一定的，在同一个龟甲可以有从一至五卜，在几个龟甲可以有从一至十卜。至于数字原卦内替代卜纹的数字，出现最常见的是以三个数字作组，但是也有以四个、五个、六个数字作组的时候。[1]这种形态终于规律化，六个数字（后来的六爻）的卦成为定式。为什么是六个？在我看来，可能关系到六合（上下和东西南北四方），即是占卜学上易卦所凭借的空间的概念。

---

① 宋镇豪：《谈谈"连山"和"龟藏"》，《文物》，北京：文物出版社，2010年第2期，第53页。

2. 原卦所使用的一–五–六–七–八–九作数位的系统被修正，六–七–八–九（《易经》的「四营」）系统成立

在数字原卦系统里，数位和龟卜所用的标准化的坼纹一样多，这就是说大概有六个数位（也许七个：有时用十）。问题尤其在于为什么二–三–四一开始就被排除在外？

张政烺先生给出的回答如下：因为古汉字的数字从一到四都是积横画为一、二、三、亖，自上而下书写起来容易彼此掺合，因此将二、三、四从字面上去掉，归并到相邻的偶数或奇数之中：二、四并入六，三并入一。

我的看法如下：二–三–四在事实上的确可能是为避免混淆而弃之不用。然曰卜官为补此缺将“二、四并入六，三并入一”则未尝可信。张政烺先生所言，是以原卦数字中已经必然存在奇偶平衡的猜测为前提。然而正是在这里，在用易卦之原则注释原卦上，他犯了不符合当时实际的错误。真正的平衡是由占卜学的科学化、合理化而缓慢形成的。在原卦的初始阶段，占卜官极有可能为防止一、二、三、☰自上而下彼此掺合，仅仅选择了在五到十之间数字作为号码来代表表示吉凶等级之标准的坼纹。至于于此不用的数字一，则用来作单独一个例外的卜纹号码，也许垂直而不俯亦不节折不分叉的卜纹，其意思是非吉非凶。

倘若的确如此，我们就很容易理解为什么非类性的数字一被易卦系统摄。随后，在其系统剩下的前五个数字中的惟一一个五数字，很快也被排除了。原因是据占卜学的理论，一、二、三、四、五作为一个整体，演变成所谓“生数”，既是体现天地五行、万物归一的基因组性的数，与六、七、八、九、十作为对应的整体，演变成了所谓“成数”，既体现五行所盛产的万物之表型。[1] 而且占卜学的理论推断“生数”属于龟卜的系统，而“成数”属于筮占系统。而因万物之表型都以阴阳为区别，筮占的“成数”系统不能不体现奇偶平衡，则占卜学的专家截断撇开数字十不管，而只用六、七、八、九作「四营」。

3. 从数字卦到爻卦

在卜官们看来，每个数字内都内在含有本动力（这将准科学的占卜学与真科学的数学区别开来）。所以，按照占卜学，阳性的数字七内在动力使其成阳性的九，然而数字九内在的动力使其变成阴性的八；因此，数字七比数字九更内涵阳性的力量，算作“少阳”（青年阳），尤其代表阳气；相反，阴性的数字八内在的动力令使它变成还是阴性的六，然

① 杨伯峻注：《春秋左传注》，北京：中华书局，1981，第303～304页。

而数字六内在的动力令其变成阳性的七；因此，数字八比数字六更内涵阴性的力量，算作“少阴”（青年阴），尤其代表阴气。然则，占卜学思辨比数学道理更深的阴阳之理，取数字七作阳气的象征，取八作阴气的象征。

随后，占卜专家把数字7的古文字写法“十”逐渐演变成 -|-，7 最终简化为“—”，以为作“阳”，以为作“阳”的符号；把数字八的古文写法“/\”逐渐演变成“┘└”[1]，并最终简化为“--”，以为作“阴”的符号。至此爻卦代类卦被系统地载入了《易经》。

正如在六边的矩阵上表达两个符号的算数可能性有 64 种一样，易卦也由 64 卦组成。故此辩证思维自然存续于易卦的各种可能之分析、计算、排列中，进而将此归纳为以下的逻辑发展程序：

---

① 国家文物局古文献研究室编：《马王堆汉墓帛书》，北京：文物出版社，1980。

太极生两象（“—”和“--”）

两象生八卦

八卦演六十四重卦。

这个理论上的演化过程，通过历史、伏羲神话与后人的传奇故事而来。但真实的易卦的产生过程，却远远比这些说法更加繁琐复杂。

结　论

中国的哲学思辨在占卜学中成型，这种占卜学的遗传基因就一直存在于中国哲学思辨的领域中。这就是为什么中国思想与西方思想极为不同：西方思想从神学思辨起点发展，而中国思想则是从占卜学思辨上出发。中国由此很早就产生了《易经》。中国传统的《易经》，如西方传统的《圣经》，极大地影响了整个中国思想史。

第二章

与《圣经》阐释学相对立的儒家注疏[①]

——谈谈启示的文字与被启示的文字

儒家经典在中国文化中的地位至高无上，这与《圣经》在西方的神圣地位是相同的。刘勰在《文心雕龙》"宗经第三"的开篇就阐明："经也者，恒久之至道，不刊之鸿教也"。[②]但刘勰不过是重复《白虎通》第三十九章的论点，《白虎通》是公元 79 年汉朝为调和今文经学与古文经学两派的分歧而举行的

① 本文原题为《启示的文字与被启示的文字——与〈圣经〉阐释学相对立的儒家注疏》，金丝燕译，原载《跨文化对话》2007 年第 22 期，第 10 ～ 15 页。收入本书时，为方便中国读者，将原来正、副标题的位置做了调换，并对文字略加增补。

② ［南北朝］刘勰著，郭晋稀注译：《文心雕龙》，兰州：甘肃人民出版社，1982，第 23 页。

议经会的汇编。当时儒家经典的神圣性体现在所用的材料上，抄写经书用的竹简为二尺四寸，比用于其他重要书籍的一尺二寸或八寸的竹简要大得多。[①]至于经籍内容的永久性则体现在历朝历代的多次石刻中（公元 175 年、241 年、833 年、944 年、1143 年和 1791 年）。

那么，为何不能说儒教与犹太教，基督教和伊斯兰教这三种以文字为根基的宗教一样，也是一种经书的宗教呢？因为尽管文字的神圣性存在于上述各种情况，但对中国经书来说，其神圣性的基础与《圣经》的情形完全不同：它不是神性的，而是占卜性的，这就是我要在下文中对《圣经》和儒家经典的性质及其注释的特殊性展开的讨论。

《圣经》的神圣性——如同我无缘置评的《古兰经》一样——来源于被视为的上帝之言。这意味着

① 郑玄《论语注》序，引自贾公彦《仪礼义疏》"聘礼"注疏，见《十三经》，上海：中华书局，1957，第 683、705 页。

《圣经》的神圣性与文本本身无关，而与启示文本的神灵相连。人们甚至通过指出其文本在文学方面的缺陷，以坚定对其神启性的信仰。公元二世纪塔西（Tatien）在《致希腊人》中宣布：《圣经》写得那么蹩脚，以致于其高超的见解不可能来自《圣经》的编撰者，后者显然没有从他们自己的语言中提炼崇高思想的才能，因此他们肯定只是圣言的工具。

儒家经典的神圣性正相反，它出自文本的本身，出自中国表意文字的神圣性。因为中国表意文字是占卜和魔力的产物，表意文字通过它对事物理性的隐秘性的揭示，保留了魔力的启示功能，而表意文字是占卜符号的化身。在1899年以来大量发现的殷代占卜残片上保留了中国表意文字的最初痕迹和雏形[①]，对其中的演变关系，通过研究，我们已经可以

① 中国学者没有觉察到中国文字与占卜一脉相承的关系，他们看到了早期表意文字与旧石器时代图画文字的相似性，但没有看到问题不在于形象的相似性，而在于语言学的联系，即语义学。

比较清楚地了解到。然而，这一知识在作为历史记忆的中国早期典籍中，已不复存在。不过从想象力的方面说，它仍然残存于与《易经》占卜八卦相关的造字神话中。① 这类神话保存得相当完好，宋代的郑樵在他的《通志·六书略》中，将坎、离、乾三

关于这一点，参见拙文《占卜与占卜的理性主义》(*Divination et rationalisme divinatoire*, publié dans *Le mythe: pratiques, récits, théories-volume 3: Voyances et divination*, sous la direction de Bertrand Méheust et al., Economica, Paris, 2004, pp. 23 ～ 40.)。

① 孔安国在他的《书经》序言的开头写道："古者伏羲氏之王天下也。始画八卦。造书契。以待结绳之政。由是文籍生焉。"《尚书》，上海：中华书局，1957，第 13 页。许慎在其《说文解字》序中，将结绳时代插入八卦时代与文字时代之间，不过仍有不能自圆其说之处。结绳体系远比卦的组合更为原始。至于仓颉观鸟兽的痕迹而创造书契之说，可能是对卦文的完善。这是一个谜，且有模糊不清的不同版本。龙马负图出于荣河，帝则之，以画八卦而文字生焉。益依类象形谓之文，形声相益谓之字。著于竹帛谓之书。书者，以代结绳之政。……飞龙朱襄氏造六书。六书，八卦之变也。卦以六位而成书，以六文而显"。他随后指出，仓颉所造乃是模仿伏羲六文的一种古字体。参见［汉］许慎著，［宋］徐铉校订：《说文解字》，北京：中华书局，1963。陶宗仪在 1376 年出版的《书史会要》的开篇便如此论曰："太昊伏羲氏，风姓，以木德王。"参见［明］陶宗仪、朱谋垔撰：《书史会要》，杭州：浙江人民美术出版社，2012，第 1 页。

卦作为水、火、川的字源，这三卦经过四分之一圈的旋转，直立变成文字符号（郑樵解释说，在文字里，通常横向的象符经旋转而直立，因为动物中唯有人在生理上适应直立的姿势）。

作为占卜符号的化身，表意文字被认为具有占卜的魔力。故表意文字体系绝不仅是一个简单的文字体系。它是另一种占卜体系，由文言构成的句式，能推敲事物的意义，一如通过《易经》测算形势和事业的机运。

如何将上帝之言与《圣经》的编撰者赋予它的拙劣的外表区分看来呢？又如何使表意文字的深奥难懂的句式清晰可辨呢？这除了注释和诠释没有其他的办法。但由于《圣经》的神圣性与儒家经典的神圣性相反，因此对它们的注疏和诠释也就必然两极分化。

在《圣经》的诠释学中，即便非常关注文本的文字[①]——希伯来学者评注《圣经》的工作就是证明——也只把文字的评注视为阐释的准备阶段。阐释学的宗旨，是透过文字看到本质，所谓本质，指上帝之言绝对超越人类的所有语言。为此，阐释学的工作要借助寓意进行，将寓意注入文本，使文本的语义发生裂变。寓意在能指与所指之间，引入某个形象，这个形象代表超验性的所指，这时文字的所指就消失了。比如，迦南象征天国，天国代表拯救。希伯来人穿越荒漠时吃的食物吗哪，象征着一种精神食粮，精神食粮代表上帝之言。希伯来人穿越荒漠时，引导他们的的云，象征着超验的灵气，灵气代表圣灵。此类阐释在《圣经》的诠释中登峰造极，将《圣经·旧约》中的所有形象都解释为福音书中的形象的原型。约瑟夫、摩西和大卫是耶稣

---

① 以下文字受到保罗·博尚（Paul Beauchamp）著作的启发，参见保罗·博尚（Paul Beauchamp）《叙述、文字与物体》（*Le récit, la lettre et le corps*, Paris, Editions du Cerf, 1992）。

的原型，吗哪是圣体的原型，希伯来人走出埃及是耶稣受难的原型。这里，能指和所指之间的联系不仅仅是被淡化，而且是完全消失了。此外，诸种形象的杂陈，也使《圣经》的叙事非历史化，这样能更好地表现超验的末世学的目的性。

儒家经典的注疏正好相反。注疏，是通过阐发文字的本意，去凸现整体字义。在这里，请不要误解我的意思，我说的不是文字批评。文字批评被称为“训诂”，其中，“训”指尽可能细致地确定词的结构，“诂”指尽可能确切地解释外部事物在上下文中对词义的影响。“训诂”与希伯来学者评注《圣经》的语义学相比毫不逊色，但儒家经典的注疏与《圣经》的诠释又是背道而驰的，因为儒家经典的注疏不在字外寻找寓意以引伸超验性，而是从语言学的角度说文解字，就像占卜者解释龟甲的裂纹或《易经》的卦，用预言的方式排忧解难。撇开把汉字当作卦的图解不谈——解释某人以他的名字、或头衔，或亲属关系命名的原因，按某种历法推定日期或年代的原因；人们谈论或不谈论某一事件的原因。这种在用表意文字表述事物的语句中发现事物存在意义的注疏，可称为文字本体论的注疏，所遵循的原则是“微言大义”，“微言”当然是指“文言”，即表意文字，其典范是《易经》“十翼”的第七篇，题目就叫“文言”，即“文之所言”。据传说，它是孔子用文言文为《易经》最重要的第一卦和第二卦所写的注疏。

文字本体论的注疏以“正名”为原则，孔子就此论曰：“名不正，则言不顺；言不顺，则事不成；事不成，则礼乐不兴；礼乐不兴，则刑罚不中；刑罚不中，则民无所措手足”[①]。

历史上曾有史官为正名而不惜牺牲的事情。公元前547年，在齐国和莒国签定的一份条约中，齐国的太史公秉笔直书“崔杼弑其君”。崔杼是当时

---

① 杨伯峻、杨逢彬注译：《论语》，长沙：岳麓书社，2000，第117页。

齐国权重一时的大臣，太史公因此被杀。其实齐国的太史公所记录的事件并不完全准确，头一年杀害齐庄公的，不是崔杼，而是兵士，不过兵士执行的是崔杼的命令，故幕后主史是崔杼。太史公被杀后，其弟继任，坚持秉笔直书，亦被杀。太史公的次弟接任，仍不肯用曲笔，落得同样的下场。南史氏（左史）闻讯，亦执简以往，并准备以身殉职，这次太史公的三弟续笔直书却没有被杀，因为崔杼毕竟不能把所有的史官都一一处死。[①]

孔子亲自修订整理经籍，坚持正名的规范性，这就为所有经书重视注疏的准确性提供了保证。最早的系统性注疏就是孔子为其弟子做的。班固在其经学研究著作《汉书》的第三十章的篇首叹息说："昔仲尼没而微言绝，七十子丧而大义乖"[②]。更确切

① 蒋冀骋标点：《左传》，长沙：岳麓书社，1988，第 230 页。

② ［汉］班固著，马晓斌译注：《汉书·艺文志序》，郑州：中州古籍出版社，1990，第 1 页。

地说，班固是在感叹，在孔子和聆听过他的教诲的弟子过世后，出现了众说不一的经学传统。

正统经典在汉代已经基本上固定下来。在这些典籍中，可与《圣经》相比较的是，带有三家注疏的编年体史书《春秋》。与《摩西五书》讲述上帝不忠实的选民希伯来人的历史相似，《春秋》记载了周朝的命运（但只写自公元前 722 年至公元前 481 年不到两个半世纪的历史），目的是吸取周王朝衰亡的教训。该书仅 17000 字，其中写军事冲突的占 40%，写盟会的占 20 %，写祭祀、丧礼、婚礼的占 20%，写天文和时令的占 10%。[①] 这部史书极其洗练：只记载史实和确切的日期，对它们之间的历时性关系不作任何解释。因为它不是记叙性作品，而是文献档案的盘点。注疏通过正名，对这些书面文献进行解释。《公羊传》是此类注疏中最典型的，它孕育了

① 参见《孔学知识词典》，北京：中国国际广播出版社，1990，第 86 页。

汉代最有影响的政治思辨。此后各朝代的许多著述都将“正名”的范例用于编年史。最晚近的著述之一是毛奇龄（1623 ～ 1716）的《春秋属辞比事记》，该书将《左传》分成二十四志，例如，涉及征伐的第七志，视情况不同而用二十四种的属辞为征伐“正名”[1]。

然而，影响最大的编年史注疏还是《左传》，它通过解释所记载的史实之间的历时性关系而创立了中国的历史编纂学。与《圣经》叙事去历史化的神学阐释学相反，儒家经典的注疏通过对阴阳五行、四季周期的宇宙思辨，将编年史的一系列事件予以历史化。

作为结束语，我们来简要地看一下《圣经》和儒家经典怎样以各自的方式影响了世俗文学的

①　试想当今中国与韩国对日本教科书轻描淡写日本在太平洋战争中不同形式的侵略行径所作的反应。

观念。

《圣经》形成于摩西时代（公元前13世纪），源自一神教对闪米特人带有神秘色彩的原始世俗文学的借用。此后，《圣经》文学单独沿着犹太教的思想发展。与此同时，在所有周边文化中，不同形式的世俗文学，先是口头的，后来是文字的，都有创作者浓厚的独创特，无论这些创作者是否为人所知，他们都受到特殊灵感的激发，哪怕那些灵感的象征是某种类似缪斯的超自然的实体显现出来的。当犹太基督教在作家文学已经很发达的西方世界传播开来的时候，关于《圣经》神启的信仰，更加强化了以个人创作为核心的文学观。

中国文化的发展与之相反，世俗文学的发展并非孤立于儒家经典，恰恰是后者的伸延。《文心雕龙》所言极是，它把儒家经典作为当时中国所有文学体裁的母体（这正是汉语“宗”的含义）[①]。也正是出于此种背景，在中国，就像儒家经典一样，古典体裁的作家作品从不曾采用个人创作的形式，就连作家作品的鼻祖孔子本人都声称自己是“述而不作”的[②]。一部著作的新意不在乎为人称道的文体，而在于对典籍进行修订和注释。由此而来的作家作品没有被用来推动个人创造，而是通过扩大表意语言在所有思想和想象领域的运用，来超越经文的内容，推动典籍的伸延。在伸延典籍的同时，作家作品不断通过引言、典故、模仿、改写等各式各样的挪用，从典籍中吸取养料。在作家作品的写作中，个性化的表述是被回避的：它与源自占卜的表意语言不相兼容，而后者是要摆脱一切主观性的，要揭示事物

① ［南北朝］刘勰著，郭晋稀注译：《文心雕龙》，兰州：甘肃人民出版社，1982，第 23 页。

② 杨伯峻、杨逢彬注译：《论语·述而篇第七》，长沙：岳麓书社，2000，第 57 页。

的深层意义。作为经典的文言，其在思想领域的巧妙化用功能，远在个性化创造的观念之外。从这个意义上说，中国古典文学与中国上层经典是互文性的典范，它不是西方文学中为个人创造的幻想所掩藏的那种二级互文性，而是一级互文性，这种互文性在庄子、韩非子、司马迁和朱熹的文章中都有，孕育着令人惊异的独创性。较之西方作家的个人灵感，中国的表意语言大师们更喜欢“文”的宇宙之气，“伊兹文之为用，固众理之所因。恢万里而无阂，通亿载而为津”[①]。

① ［晋］陆机著，张怀瑾译注：《文赋》，北京：北京出版社，1984，第48页。

第三章

中国教给我们什么（撮要）

——给北京师范大学跨文化学研究生国际课程班的讲稿[1]

一、儒学与宗教

这一节，讲儒学和宗教的关系，这是中国文化研究中的一个很重要的问题。

几乎所有人类文化都有宗教，或者都有宗教文化的成分，而不只是西方文化有宗教。但是，各国

① 本章根据作者 2016 年 8 月至 9 月为北京师范大学跨文化学研究生国际课程班授课的讲稿，由董晓萍教授依照作者的中文授课录音稿整理而成。北京师范大学跨文化研究院研究生徐令缘、罗珊、王文超等做了辅助工作。

各民族的宗教文化是否都一样？这需要讨论。我的看法是，在中国文化中，主要是在儒家文化中，有没有宗教？这需要讨论。有人认为，儒家是不能有宗教的，但这种说法不能完全站住脚。从中国文献看，早期的儒家也是有宗教的。但中国不止有儒家，还有道家、佛教，它们之间也有各种各样的联系。那么，在中国人的观念中，"宗教"到底指什么？将中国的宗教观与西方的宗教观相比，两者有没有相同的地方和不同的地方呢？这类问题都值得研究。本节谈谈我个人对这些问题的看法。

（一）"宗教"是西学的概念

现在中国人普遍使用的"宗教"一词，英文写作"religion"，这是从西学来的，原指犹太教、基督和回教。最初这个词是从荷兰来的，日本也叫它"荷兰学"。中国人要翻译西方的宗教学著作，并把它们介绍到中国，就使用了“宗教”这个词。

中国自己有“宗教”一词吗？如果有，它的含义指什么？是不是等同于西方的“宗教”概念呢？依我看，两者也许多多少少有一点联系，但应该是一种相当疏远的联系。中西方的“宗教”一词的关系并不密切。对中国的“宗教”一词的原意，是应该做具体的、仔细的研究的。

（二）中国的“宗教”一词的含义

中国人如何看待“宗教”？这要向中国古籍中去找。依我看，很可能，最早是从南北朝的时候起，开始使用这个词语的。在三国时期和三国之前的古书中，还很难看到“宗教”两个字。为什么南北朝就有了“宗教”的说法呢？因为当时佛教已进入了中国。佛教的出现，让中国人开始认识到什么是宗教。

最初的说法是“三教九流”。

> 《北史·周高祖记》：周武帝建德二年十二月癸巳，集群官及沙门道士等，帝升高座，辨释三教先后。以儒教为先，道教次之，佛教为后①。

在这段话中，君臣所谈的“三教”，就是指儒教、道教和佛教。大家知道，佛教与道教的关系本来就很近。传布佛教的僧人们，用道教的词语来宣讲佛教，这样中国的信徒就很容易明白佛教这种从外国传来的宗教的道理。有了佛教，中国人又反过来明白了道教。

南北朝时期还有一件事。周武帝当政时，有一次，他召集会议，让各教派的代表都来参加。大家

---

①［唐］李延寿：《北史·周高祖记》，北京：中华书局，1974，第359页。

讨论宗教的问题，他们说，在“三教”之中，先有儒教，后有道教，再有佛教。这是历史上的一种看法，不过这是中国人的看法。

中国历史典籍是从何时开始使用“宗教”一词的呢？日本学者在宋代禅僧圆悟克勤《碧岩录》的第五则《雪峰粟粒》中找到了这个词。《碧岩录》是一本禅宗名著，第五则有这样一句话：“垂示：大凡扶竖宗教，须是英灵底汉”。[①] 这件事是个公案，这句话本身的意思是，要缔造一种“宗教”，就需要一个好人，一个有英灵的人、伟大的人。孔子、老子、释迦牟尼等，都是这样的人物。日本人对禅宗感兴趣，找来找去，就找到了《碧岩录》。一般人不大会注意到它。

“宗教”为什么要有“宗”？“宗”，指“祖先”。“宗教”，指“别的教的祖先”，由此生发开去，便有

① ［宋］圆悟克勤述，许文恭译：《碧岩录》，北京：华夏出版社，2009，第 32 页。

了“九流”之说。“九流”，指先秦九个学术流派。据《汉书 · 艺文志》的解释，它们是：儒家、道家、阴阳家、法家、名家、墨家、纵横家、杂家和农家。[1] 在九家之中，儒教排行第一，而不是道教或佛教排在前面。中国在战国之前就已经有沙门教，那时的沙门教与道教的关系就很紧密，可是中国人自己却将儒教视为最早的宗教。这里的儒教指什么？指早期的儒家。从这些历史记载看，说中国儒家与宗教完全没有干系，这是不妥当的；没有关系的说法应该是后来的说法。

（三）西方宗教传统与亚里士多德的学说

《碧岩录》所说宗教由伟人创造，这个观点与西方人的观念完全不一样。在西方，宗教不是人的

① ［汉］班固著，［唐］颜师古注：《汉书 · 艺文志》，北京：商务印书馆，1955，第 40 页。

创造物，而是神的创造。西方人认为，宗教是神的启示，不可能是“英灵”扶竖的结果。从这里可以看出，中西方的宗教观有明显差异。这不等于说中国人使用“宗教”的概念是不对的，而是应该注意“宗教”在中国已有自己的历史，要重视中国自己的思想文化传统。

西方宗教被认为是神的创造，还产生了一门特殊的学问，即神学。西方神学有西方的传统。中国没有神学而有神话，不过神话很早就散失掉了，这是另外一个故事，我会在下节课讲。西方的神学肇始于希腊，希腊神学也讲神话，希腊是富产神话的国家。《圣经》也是以神话为基础的。但这些神话被基督教化了。此外，希腊哲学也给基督教提供了很多思想材料。

神学的核心概念是上帝和灵魂。神学的目标是研究超越现实世界的上帝世界，研究超越人类认识的神性启示。要研究人类认识不可企及的东西，就需要神学。

1. 亚里斯多德的认知哲学

古希腊哲学家亚里士多德（Aristotle）对西方哲学的贡献，在于提出了一套认知哲学理论。他还有其他的哲学理论，但我们首先要了解他的认知哲学，才能扩展到对他的其他学说的认识。亚里士多德的认知哲学的杠杆是逻辑学。西方传统的逻辑学就是从亚里士多德开始的。

亚里士多德认知哲学的主旨是发现现实中的各种因果关系。概言之，他的认知哲学就是因果关系的研究。在他看来，所有现实关联都是有因果规律的，因果关系是最普遍的世界关系。要明白现实，就应该发现因果关系。逻辑的基础是因果关系。

亚里士多德提出，有四种不同的因果关系，要发现它们，就要从语言上对它们进行“逻辑”推理。希腊语中的“逻辑”即“逻格斯”，是“话语”的意思。从“逻辑”中能找出这四种因果关系，它们是：动力因（efficient cause）、物质因（material cause）、形式因（formal cause）、目的因（final cause）。四者构成亚里士多德所说的四因论。

四因论来自农业文化和手工业文化的世界观。在这四因中，动力因和目的因的观念是从希腊的农业经验中总结出来的；物质因和形式因的观念是从希腊的陶瓷制造业的经验中总结出来的。亚里士多德认为，将这四因联系起来，就可以把世间万物、各种现象都联结为一体。四因论的产生是与亚里士多德时代（约公元前 4 世纪）的希腊文明发展相适应的，那时希腊有农业，也有手工业。人们通过观察农业，观看希腊农民的春种秋收，就可以明白什么是动力因？什么是目的因？人们通过观察手工业，观看希腊制陶者的劳作，就可以明白什么是物质因？什么是形式因？泥制陶器有物质材料和器具形式，两者的存在与结合，容易让人们了解这两种因果观与手工业的关系。在这里，我想跟大家说，文明与文化是有区别的。思想依靠文明发展，文明依靠物质发展，也可以通过科学的、技术的手段去发展；而文化要依靠思想发展，文化的发展不一定与物质同步。

亚里士多德的“认知哲学”阐述了一个“物理之外”的世界。他不是神学家，但他开始用这样的概念解释神学，他成为西方是最重要的古典思想家。

托马斯·阿奎纳是意大利中古时期的思想家，大约生活在13世纪，他的一本最重要的书，一本影响非常大的书，叫《神学大全》。他依靠亚里士多德的概念，解释传统的基督教神学。阿奎纳认为，亚里士多德的解释不是真正的神学，但神学可以使用。他把亚里士多德的理念引进神学，创建自然神学，用“自然法则”论证“君权神圣”说。如果我们要了解神性的概念的由来，就应该了解一个理性的概念如何变成宗教性的概念。

2. 西方的形而上学与超物质的理学

西方最重要的思想家是亚里士多德，不是柏拉图。柏拉图也是非常重要的思想家之一，他的思想影响了亚里士多德，但亚里士多德更为杰出。

亚里士多德出版过一本书叫《形而上学》，对西方哲学做出了巨大贡献。儒学也有形而上学，但与之完全不一样。

亚里士多德讨论“形而上学”，自己是不用 metaphysic 的概念的，这是西方物理学的概念。他起初并不关心宗教，但他关注物理学。他问为什么会有物理现象？他去研究物理学，称之为“自然哲学”，再走向“形而上学”。他用认知哲学的理念和方法研究物理学的基础，指出，metaphysic 是物理之外的东西，是超物质的理学。

亚里士多德的逻辑是这样的：他发现，一切物理因都由上一个物理因来解释，每一个上物理因也都有另一个上物理因，这样原有的物理学不可能解决这样的问题，要用超越物理学的学问，或者是超越平常因果关系的学问来解释。由于这种学问是超越世界之上的学问，所以他就要创造世界，这就是亚里士多德的创世观的由来。但亚里士多德是不讲上帝和神学的，他的灵魂的概念也不属于神学的范畴，而是超物理学的。中古时代，托马斯·阿奎纳改造亚里士多德的“超物质的理学”，构建基督教神学，把亚里士多德的因果律和创世概念变成宣传上帝和灵魂的学说。

（四）中国的“物而上学”

将 metaphysic 翻译成中文，不是“形而上学”，而应该是“物而上学”。我不是说中国没有形而上学，但中文将这个词翻译成“形而上学”，这很有意思，我喜欢这个错误。

中国的形而上学与西方的形而上学有什么不一样？将儒学的认知哲学与亚里士多德的认知哲学相比，有的方面一样，有的方面不一样。最大的差异在于对“逻格斯（logos）”认识。在西方，Logos指白话；但在中国，Logos指“文”。中国的文人学士依靠写文字表达思想，写文字是中国逻辑的基础。我不知道大家是否都同意，我看是这个“文”字是从占卜学来的，中国的文字和西方的文字不一样，西方文字是表音的文字，表音系统的文字。就是说话的话，在希腊，逻辑就是他们说话的思想，当然思想是用文字写的，但文字与文字不一样，西方的逻辑依靠书写，没有书写就不可能有逻辑。中国不同。在中国，说话是一件事，书写是另外一回事。也有些语言学家不大同意我的看法，但我不在乎。我和他们讨论这个问题的时候，他们没有研究中国文字的起源。占卜学在中国是一种科学，也是一种逻辑，这是我的观点。当然也允许有别的观点。

但在我看来，在儒学中，尤其是在孔子的认知哲学中，也有这个观点。这种认知哲学的最重要的概念是五经，儒学常用“微言大义”来解释。“微言大义”就是指可以用“文”来知晓道理、证明事物。这个“文”不说话，而是书写文字，其中，需要特别注意的，是书面的文字应该有微言大义。中国的逻辑与亚里士多德的逻辑是不一样的。

前面提到，亚里士多德的问题是，要认识世界，就要发现因果关系；要解释为什么有我们环境世界的现实，就应该发现其动力因；不过一切物理因只能由上一物理因来解释，如此直至无限，那么物理学就来不及解释，就不能不转到“物而上学”。

中国不一样。中国人要了解世界，就要考虑怎样使用文字。我发现中国第一个文字是占卜的“卜”。我写过一本书来说明这个问题。卜，指在龟甲上，用占卜的办法，发现龟裂所预示的现象的含义。由此产生的认知，不是因果关系，而是关联关系。中国人的思维是，整个世界的现实都是由关联关系构成的，事物之间有互相的感应。这不是我一个人的看法，很多20世纪伟大的汉学家都明白中国人的思想。不是中国人不承认因果关系，而是中国人看到还有更重要的关系，这种关系是可以发生感应的，是可以构成事物之间相互的关系的。

中国的“形而上学”的含义，不是超越现世，而是在现实世界之内找到联系并解决问题。

1. 孔子的认知哲学

孔子的认知哲学的基础，不是话语的“逻格斯”，而是“文”的“逻格斯”。“文”的“逻格斯”起源于占卜学。占卜学发生于遥远的古代，那时还没有十分发达的文化，是由占卜而来的思想促进了中国文化的发展。现在我们可以研究，为什么在后世的发展中，中国没有与希腊人一样，依赖农业和手工业去推进他们的思想，而只是发展了社会文明，这是因为中国人早已在文字书写基础上，发展他们的丰富思想。

2.《易经》的“形而上学”与儒家的“物而上学”

在孔子生活的时代，在《易经·系辞》中，已经有了形而上的认识，即“形而上者之为道，形而下者之为器”①。为什么中国的形而上学不是metaphysic？这里要看道和器是什么关系，它是一种是超越感知的占卜技术知识，以及从它派生的文言文所能传达的道理。这种关系是按照天命安排万物的自然活动的规律，遵循阴阳五行的原则，自然而然地存在的，而不是亚里士多德的“物”而“上”的超越关系。再看“道”：

① 《周易·系辞上》，太原：山西古籍出版社，2003，第82页。

道＝　　　　　行　　＋　　首

图 1　“道”字结构示意图

我喜欢看中国文字的来源，“图 1”中的几个字就很有意思，它们的关系组合起来就是“道”的意义。在西方语言学中，也可以通过研究字的来源研究概念，但这与研究中国文字不同。西方文字来自表音文字，都是说话内容的记录，真正的来源不大清楚，也可能没有多少意思。在中国就不一样，中国的文字是极为精致的，是富有深奥的意蕴的。大家看“道”字，由两部分组成，上面是“行”，下面是“首”。即便是同一个“行””字，也有几种不同的写法。为什么有一个“首”？这个首，是动物的“首”，决非人的“首”。我看了一些中国专家的研究，他们似乎没有注意这个区别，都说是人“首”。其实，人是“头”，不是“首”。这里是“首”。这个

“首”字在古代文字中指动物。为什么是动物？因为它是萨满时代留下的字。许慎在《说文解字》中整理和解释了一万多个字，反映了大约战国至汉代中国文字的发展已经达到相当高的程度。但在此之前，乃至在占卜时代，专家是萨满，中国叫“巫史”。萨满教与西方宗教不一样，萨满教认为，被猎获的动物都有跟人一样的灵魂，甚至动物的灵魂更聪明的，不容易被捕获。大的动物，如鹿和象，要狩猎成功更难。萨满教认为，世界万物都与动物一样有灵魂，动物的灵魂是自然而然产生的东西，如果能明白自然而然产生的东西，就可以明白自然。自然而然产生是在大自然之内发生的规则，所以动物不在另外一个世界，而是与人类同在一个世界中。但只有萨满可以通灵，进入自然界，与动物沟通和交流，这就是为什么“道”字中会有一个动物的“首”。在中国历史中，“道”不是神性使然，而是自然的创造，是了解被认识的、最基础的、最本质的东西，因而形而上是“道”。形而上不是上帝的造物，灵魂不在另外的世界中存在，而是在人类的现实世界中。

“道”在中国人看来，还寓意宇宙间根本性的阴阳转化和五行替换的周期等，这种形而上是内在于宇宙的，其超越的维度只是占卜学的维度，只是一种内在性的超越。

回到亚里士多德哲学上说，与他生活的希腊时代相比，中国在战国时代已有发达的手工业和兴旺的农业，中国在更早的商周时期已产生占卜学，有了《易经》。西方世界虽然也有占卜，但没有发展成像中国这样的科学。我多次说过，这种占卜学的科学不等于现在所说的科学，如同亚里士多德时代的科学也不等于现在所说的科学。但当时中国的占卜学就已达到很高的科学程度，堪与亚里士多德的哲学媲美。中西方思想的发展，走了两种不同的道路。

从儒学宗教观的角度看，它是相信“天人合一”的。儒学的“明德”就是直观的形而上之“道”。在中国人的思想范畴中，对上天与人类之间的绝对超越观念是陌生的，对主观唯心主义也是陌生的。反之，对西方人来说，“道”的概念又是相当陌生的。

儒家宗教观的这种想法、这种概念，与我们西方的宗教观是完全不同的，发展的轨迹和追求的结果也完全不一样。在西方，对宗教常常发生狂热的崇拜，有时还导致战争。中国没有这种现象。这不等于说，中国的历史是没有战争的历史；也不等于说，中国的历史是比西方的历史更好的历史；我只是说，中国没有宗教的战争。中国还有一些不同的认识也值得学习，我最喜欢的是中国人的“天人合一”的观念。“天人合一”是非常重要的。现代社会遭遇到严重的环境问题，破坏环境的现象比比皆是，这是西方文化的影响造成的后果，西方人没有“天人合一”的观念，总以为人能战胜自然。我们还可以指出一些中西文化的其他差别，但是我不说了，谢谢你们！

二、儒学与思维的言语

我现在解释用“思维的言语”为中国文言文命名的理由，并阐述文言文与儒家思想和儒学的关系。

研究汉语的历史，需要了解汉语有两种可以区分运用的功能，一种是交流的功能，一种是思维的功能。在西方语言学看来，语言只是交流的工具，但从汉语发展的历史看，两者很不相同。在汉语史上，提供人们做交流意见使用的，是汉语的交流功能；提供人们思考问题的，是汉语的思维功能。在中国文化传统中，将两者区分得很清楚。中国文化还产生了一种书面语言——文言，专门服务于语言的思维功能。

（一）交流的语言与口语

中国思想家有一种认识，认为交流与思维属于两种语言系统。按照这种认识，人与人之间的交流是一回事，而思辨则是另一回事。例如，扬雄在《法言·义疏·八》中说：

> 言不能达其心，书不能达其言，难矣哉！惟圣人得言之解，得书之体，白日以照之，江、河以涤之，灏灏乎其莫之御也！〔注〕有所发明，如白日所照；有所荡除，如江、河所涤，灏灏洪盛，无能当之者。面相之，辞相适，捈中心之所欲，通诸人之嚍嚍者，莫如言。〔注〕嚍嚍，犹愤愤也。弥纶天下之事，记久明远，著古

昔之啓啓，传千里之忞忞者，莫如书。[1]

在这段话里，“言”，即口语；“书”，即书面语。中国古代又将用书面语撰写的文章称“文言文”。“言”与“书”这两个字，传达了汉语的两种功能。上面的这段话就是告诉我们中国古人的看法：要交流意见，就用口语；要思辨问题，就用文言。当然这种区分与现在中国的实际情况大相径庭，但在中国传统社会里，这种现象的确是存在的。

西方语言是表音系统，不存在这种语言功能的划分。西方语言也有口语和书面语的区别，但与汉语不同的是，西方语言中的书面语是对口语的直接记录，这样西方语言学家就不会注意到这种区分。

当然，交流的功能，的确是语言的基本功能。语言首先是一种交流工具。动物界已有语言的雏形

① 引自汪荣宝《法言·义疏》，陈仲夫点校，北京：中华书局，1987，第159～160页。

（如鸟啼、猿鸣等），但动物的交流并不是交换意见，而是发送和接收信号。动物在身体受到外来刺激的时候，如条件反射和性的刺激等，就会根据身体的直接反应，发出声音，传递相应的信号。

人类有比动物更高级的精神活动和社会行为，能将动物的唯生性信号转化为现象的象征性符号，而动物的原型言语会成为人类的象征性言语。由于可被象征的事物很多，人们就又开始思考被象征的各种事物之间的联系。据研究，动物大约只有三四种不同的信号，而人类的每种语言都有成千上万种符号；人类还能创造新的符号，用来标志新的事物，这就为人类产生思辨的语言功能创造了条件。

（二）思维的语言与文字

在语言的交流功能中，思辨的功能并不是完全缺失的。人类把心理感知的印象予以象征化，用于彼此间的交流。在这一过程中，自然语言如果不能对感知的印象做初步的思维加工，使之变成某种意见，人类就不可能捕捉到它们。从这个角度看，交流的语言是帮助人类组织知识的初阶，也是语言的交流功能向思维的功能转化的枢纽。不过，用自然的语言捕捉到的感知，其表述形式是直觉的和简单的，在这种条件下转化而来的意义不会成为深刻的思想，口语交流所使用的词汇纷乱杂陈、缺乏系统性，要通过语言的思维功能将感知的意见理性化，构建成为知性的语言，知性的语言才是具有概念性质的思辨的语言。知性的语言通过推理，将感知的意见抽象为理性知识。

至于文字，在中西文化中也有差别。西方的所有文化都有表词文字（logographic），或者说希腊、罗马的表音文字都是这样，其口语都是透明的。文字只是口语的记录而已，并不直接代表意义，这样的文字是不会影响到思辨的言语的。中国文化的情形大不相同。中国古代文言不是口语书面化的结果，而是理性地提炼口语，形成了新的语言，这是中国文化独有的现象，这也是我为什么坚持认为中国文字是真正的“表意文字”的理由。很多人批评过我的观点，认为意义是不能被直接书写的，不可能被抽象为理性知识，但是，我认为，问题不在于意义本身，而在于产生意义的方式。中国的表意文字通过文字表达意义的生产方式，产生了文言，这是中国文字的特点。

中国文言的创制者是殷朝武丁时代的龟卜专家，他们也是当时的史官。他们使用“六书”的方法建构了精致的文言。王宁教授介绍过汉字构形法，我在这里就不多说了。

我给大家看下面一个例子。（图 2）

R / Ph	homme 人，亻 ren	force 力 li	coeur 心，忄 xin	arbre 木 mu	eau 水，氵 shui	soie 糸 si
moitié 半 ban	compagnon 伴 ban		rétif 怑 pan	sébille 柈 fen	fondre 泮 pan	entraver 绊 ban
direction 方 fang	lmiter 仿 fang			campêche 枋 fang	de conserve 汸 fang	filet 纺 fang
diviser 分 fen	part 份 fen		colère 忿 fen	orme bianc 枌 fen	rivière 汾 fen	emmêié 纷 fen
travall 工 gong	gros 仜 hong	exploit 功 gong		banc 杠 gang	fieuve bieu 江 jiang	rouge 红 hong

图 2　汉字形声字结构示意图

在上图中，第 1 列都是声符，自第 2 列至第 7 列都是声符与义符组成的形声字。汉字的内部结构都遵循着理性化的原则组建，故汉字系统的构造很特殊，也很有规律。在我看来，所有中国文字都很理性化，所以不需要转化为表音文字。

在苏美尔、埃及等地区，也曾出现过“表词文字”。但“表词文字”所面临的问题是，文字创造的越多，就越难找到新的符号去概括新的意义，而在中国的造字传统中，这个问题就不存在，而汉字的构造原则让我们能够记忆和理解汉字。

对中国的文言，我们应该注意两个很重要的特点。第一，它是科学性的。当然，这种“科学性”不是我们今天所讲的科学，而是古代占卜性的科学。没有任何国家、任何文化传统有同样考究的占卜方法。随着后来科学的发展，科学的定义发生了变化，但占卜是遥远的古代的“科学”。第二，它所依靠的理性是关联的理性。关联理性是中国思想的一大特征，是中国的思维逻辑，我写过很多书和文章介绍这个观点。西方思想依靠的是因果理性，与中国思想依靠关联理性区别很大。这并不等于说，在西方思想中就没有任何关联理性，在中国思想中也没有任何因果理性，但西方思想是依托于因果律的，而中国思想的支撑是关联理性。

中国思想家也会运用因果律，不过他们只用因果解释可以观察到的事物。在很多时候，仅仅通过观察并不容易发现事物之间的因果联系，这时中国人就主要运用关联性思维去做解释，也就是说，中国人在抽象思维阶段更依靠关联性思维。我认为，中国文化中之所以出现这种关联性特征，是受到了占卜学的极大影响。占卜学通过龟甲上刻上的文字符号，将所观察的现象与未来发生的事物建立联系，这就是甲骨与预测之间的感应。这种思维方式导致了中国早期的“科学”形态。甲骨预测本身存在幻想因素，但我们关注的不是预测本身，而是预测方法的构成，具有很强的理性与系统化的倾向。我们不应该说，因为中国思想产生的传统与西方不同，中国就不存在理性。中国的思维方式也是理性的，只是非西方式的理性。中国的历史告诉我们，如果中国思想没有理性，中国就不可能在科学文化领域内取得如此发达的成就。

在西方文化里，与中国文言相对的思辨言语，是每门科学都有自己的特定语言，比如物理学有物理学的语言，生物学有生物学的语言，化学有化学的语言，等等。数学除外，西方的数学对应的是中国的易学。

使用中国古代思辨语言撰写的文章是文言文，文言文有一定的国际性，日本、越南、朝鲜等亚洲国家都曾经广泛地使用。其实现代科学语言也有类似的特点，例如，在法国、日本和中国，数学家们使用的日常语言是不同的，但他们在学术著述中使用的语言是相似的，都是具有现代科学性的表述形式。每门现代学科使用的现代科学语言都具有国际性，这与中国古代文言文在古代社会所具有的国际性相类似。

（三）文言的儒家化

接下来要讲的问题是，文言文是如何被儒家化的？

推动中国文言文儒家化的重要历史人物是孔子。在孔子生活的时代（前 551 ～ 479 年）之前，文字是官方使用的工具，私人是不能使用文字的。这并非完全是官方的禁令，而是普通民众不需要使用文字。我在上面讲过，中国文字是由殷商时代的占卜学家创制的，创制的目的是为了描述和解释甲骨占卜的情形与结果，不是用于私人目的。后来文字的功能逐渐扩大了，出现了青铜器的铭文，武帝末年开始出现甲骨文。中国文字的出现，应以甲骨文为标志。撰刻甲骨文的专家就成为了后面的书面文字的专家。总之，在孔子以前，写文字的都是官员，所留传下来的资料都是官方的资料。

孔子是第一个私人使用文言的作者，为什么？因为他要把周代文献改写成他主张复周兴礼的个人政见。他意识到自己是在承接天命，这点在《论语》里讲得很清楚。孔子本身也是一个小官吏，以他的官职，本来是不能从事书写文字的工作的。但是，也因为他是一个小官，所以他能够看到官方的文字文献。他之所以要改写官方文献，不是为了当朝的帝王，而是出于履行天命的动机。他生活在东周末年，王政衰微，他不满意，他就要勉力恢复前代周朝的理想政治制度。

孔子是一个保守主义者。他极力复古，守护前代的政治制度；从另一方面看，他也是一个革命家，因为他开启了私人使用文字的历史。文字是文化最重要的载体，从他开始，允许文字为大家所用，这是非常重要的革命，这对中国文化的发展是十分有利的。从这方面讲，孔子是真正的革命家，是推动中国文化传承的一位伟大的历史人物。孔子不是宗教家，不是耶稣，不是佛祖，但他是创造中国文化发展途径的思想家。

“革命”一词，现在用的是西方意义，但在中国历史上，“革命”的意义是“改朝换代”。一个朝代不行了，按照中国的讲法，就是上天不承认此朝代帝王的统治了，那就要奉行天诏加以改革，孔子要复古就是这样的意思。19世纪，日本汉学家翻译了西方的“革命”的概念，我觉得，这是一个很好的翻译，但在中西文化中，文字的传统内容完全不一样，这是应该注意的。我觉得，理解中国文字传统内容的本身也很有意义，它的古代内容与现代内容是不同的，但古代内容到现代内容之间发生了怎样的变化，你是可以了解的；你能明白中国古代文字的解释怎样变化，思想怎样变化，这些都非常有意思。

孔子“革命”的对象是改变文言文的功能。他要解决如何利用文言文为他个人改写前代文献服务的问题。他编写五经，正是这样一种举措。但他只是履行天命，而不是要僭越帝王之位，故汉代又称他为“素王”。在他身后，大批身份不同的文人学士都模仿他，纷纷使用以往御用的文字编撰各种书籍。

五经问世，引来中国古代文化百花齐放的时代。但其他文人学士都不认为自己是在承受天命，他们也不承认孔子是在承受天命，这与孔子本人的庄严使命感不同。后世的文人学士使用文字的目的，在庄子的著作有清楚的解释：

> 旧法、世传之史尚多有之；其在于《诗》、《书》、《礼》、《乐》者，邹鲁之士、搢绅先生多能明之。《诗》以道志，《书》以道事，《礼》以道行，《乐》以道和，《易》以道阴阳，《春秋》以道名分。其数散于天下而设于中国者，百家之学时或称而道之[①]。

庄子说得很明白，自五经开始，百家之说滋生，再到十三经，纷呈葱茏。儒家是百家中的第一家，是素王的王室。但到战国时期，儒家还没有得到充

① ［战国］庄子著，方勇译注：《庄子·天下》，北京：中华书局，2010，第568页。

分的发展；到了汉武帝之后，儒家才成为中国第一思想。

（四）文与中国的“逻格斯”

“儒家化”结果，是使“文”在中国妙曼衍生，成为中国的“逻各斯”。

“逻各斯”一词，出自亚里士多德哲学，意思是“逻辑”。在中国文化传统中，与亚里斯多德的“逻各斯”相对应的，是刘勰的《文心雕龙》。

逻辑的基础是语言，但如果没有文字，逻辑就不可能得到发展。没有文字的文化也很多。我记得不大清楚，好像有文字的文化二三百种，没有文字的文化三四千种。没有文字的文化，有的也很有意思。我不是说，这样的文化就不值得研究，其实也有不少学者在从事对它的研究。我是说，这样的文化是不能发展的。文化的发展需要文字。在西方文化中，没有以表意为主的文字，只有表音文字，表音文字的基础是口语，这样一来，西方文化的逻辑还是口语，即便有了文字，其逻辑也是从口语中来的。《圣经》说，上帝创造世界，是用口语创造的。印度也有这种说法。中华文化中“文”的意思，可以看《文心雕龙》，那里面讲的是不依靠口语的逻辑，因此，我认为，能与亚里士多德相对应的是刘勰。要明白中国文化中的“文”，最重要的著作，不是看《论语》，也不是看《庄子》，虽然孔子和庄子都是中国古代最伟大的思想家；但依我看，最重要是要看《文心雕龙》。《文心雕龙》全面地解释了什么是“文”。“文”是中国思想的基础。好像金丝燕老师在翻译法文的《文心雕龙》，原来有英文的翻译，是英国人做的，很不错，我觉得很好，我也希望很快有法文的译本。

我的看法是，在中国，“文”的逻辑的重要，比西方的“逻各斯”的逻辑更重要。西方的逻辑当然很重要，但不是所有文化都受到西方逻辑的影响，中国的传统文化就受到“文”的逻辑的影响。

在中国传统文化中不存在未被书写的文学。西方的口语文学，以希腊史诗《伊利亚特》和《奥德赛》为最有名。中国从前也应该有，但在文字产生之后，轻视无文字的东西，于是口语文学就被取消了。西方为什么能够保护口语文学？因为西方是表音文字体系，当然会保护口语文学。欧洲各国各地都有口语文学。也不单是欧洲，世界上很多别的文化都有口语文学，除了中国。中国不是完全没有口语文学，但古代的口语文学消失了。

在古代中国，口头神话被认为是不值得记录的文学，大都散失了。在甲骨文产生之前的占卜时代是有神话传统的，但这个传统所留下的，只是零零碎碎的，没有保护的断片。这些断片的说法在后世文字私人化之后，被《天问》和《山海经》等所回收。这种情形跟西方的神话的境遇是大不相同的。

希腊的神话、罗马的神话，法国的神话……所有表音系统的神话都在各自国家中得到了保存。此外，中国古代的神话，有本国的，也有从别的国家来的。

中国的“文”还有一个特点表现在艺术方面。艺术的概念，在中国从前是没有的，中国古代有六艺，但没有艺术。六艺里面有文字，在文字发展到一定阶段后，是艺术化的书法，书法是跟文字有关系的。中国的书法用毛笔写就，毛笔以前的画都不见了，都不用了。在中国，山水画或者别的艺术流派的画作，都是从书法来的，这是非常有意思的，这也可以传达中国的“文”的影响，中国的“文”的逻辑就是这么有力量。

在中国文化传统中，一切学术都归于文学。在西方文化中，文学家要有自己的个性，要表达个人的意见。但在中国文化传统中，所有文学都来自经学。我在前面说过，中国从开始有私人作品的时候就是孔子改编五经，这决定了中国文学发展的道路是经学演绎之路。中国先有经文，在经文之后有经传，在经传之后有经注，在经注之后有传注，总之奉行述而不作的原则。最后也有个人作品，而个人的作品还是遵经论道。你看中国大部分的思想家，他们的目的不是表达自己，而是介绍世界上各种各样的现象怎么样可以理解，他们这样的态度就很像殷朝占卜学家的态度一样。

中国“文”的传统与汉字的传统密不可分。汉字的字和词是特别有内聚力的，是理性化的。很多汉字的词组都比口语的表达更有力量。在传统汉字系统中生成新字和新概念都是很难的，这反而导致中国“文”的修辞十分发达，这个现象很值得讨论。中国文学特别喜欢“对文”，到处都有“对文”。这不是西方文学中的“对文”，西方文学中的“对文”与新诗相关，中国文学的“对文”比西方的“对文”强多了，所以中国伟大的思想家都用文学来表达思想。

你们看，庄子就用文学来表达哲学。中国传统文化中并没有“哲学”的概念，“哲学”这个词是19世纪末由日本汉学家根据西方的“philosophy”翻译的。中国其他一些学问也是通过文学来表达思想观点的，在很多方面都能发现中国“文”的逻辑比西洋的口语逻辑更有力。

三、儒家与社会：儒士主义

在以上两节中，我都讲到文字在中国文化中为什么如此重要，在本节中我要继续讲文字，因为中国的文字不仅影响了中国的文学和文化，也影响了社会，而中国社会受到“儒士主义”的控制。

按照唯物历史观的说法，社会的基本结构是社会模式、政治制度、生产方式和生产关系。整个欧洲社会20世纪以前的历史划分为原始公社制、奴隶制、封建制、资本主义制等这四个阶段，但这种划分并不适于东方社会的历史。马克思也承认，对印度社会就不能采用这种历史分期。

魏特夫（Karl August Wittfogel）曾提出“水利社会”的划分法。他指出，亚细亚社会与欧洲社会差别很大，因为亚细亚国家存在特殊“水利社会”（Hydraulic Society），以古埃及和古代中国为例，古埃及的尼罗河和中国的黄河都很难治理，政府需要大量动员社会力量去修建水利工程，解决治水的问题，于是在这些国家就产生了强大的中央集权政府，像埃及的法老和中国的皇帝，形成亚细亚专制主义的社会。

我并不完全赞同魏特夫的理论，因为古埃及的历史与文化与和古代中国的历史与文化是十分不同的。对于中国这样一个历史悠久与文化丰富的国家，应该用中国自己的文化资料来解释自己的历史，不必依靠别的国家的文化来解释。

(一)中国传统社会的基本结构

1. 社会模式

对生产关系的认识，中国有自己的传统观点。《孟子·滕文公上》：

> 治天下独可耕且为与？有大人之事，有小人之事。且一人之身，而百工之所备，如必自为而后用之，是率天下而路也。故曰，或劳心，或劳力；劳心者治人，劳力者治于人；治于人者食人，治人者食于人，天下之通义也[①]。

我认为，这是非常重要的观点。以体力劳动

① [战国]孟轲著，杨伯峻、杨逢彬注译：《孟子》，长沙：岳麓书社，2000，第89页。

（“劳力者”）与精神劳动（“劳心者”）为基础划分社会分工模式，这是中国思想家独有的分析。孟子的话启发我们，让我们明白古代中国社会对生产关系有怎样的理解。在孟子的时代，“劳心而治人者”，指诸侯与士大夫阶层。曾经有史学家把“劳心”的士大夫阶层简单归类为奴隶主，这种看法是不对的。为什么？因为这些史学家们不管士大夫阶层的作为，仅仅盯着他们是否是奴隶式的农民的主人，就来分析古代中国的生产关系，就认为当时中国是奴隶社会，这种分析的依据是不充分的。我不认为中国存在奴隶社会阶段，理由有二：一是当时并没有私人土地所有制，怎么可能产生奴隶制权力？二是权力或权利的概念，它是古代罗马文化特有的“权理”概念，用它来解释中国古代社会制度就容易引起混乱。我曾经研究过中国古代的法律制度，发现中国文言文中没有关于这个词的对应的拉丁文概念。中国人经常将这个词翻译成“法”，其实这个词不是“法”

的意思。“法”是另外一个单词。在我做的研究中，拉丁语里的“权理”的概念在中文里是没有的，这是罗马史的概念，在罗马历史上存在过这样的问题。

2. 政治制度和生产方式

从中国文化的观点来讲，西周时代最重要的社会特点不是权理，而是周公旦所安排的礼仪化的行政管理和中国式的封建制度。

在生产方式上，西周社会的特点是土地国有制。《诗经·小雅·北山》里有一句很有名的诗句说：“溥天之下，莫非王土；率土之滨，莫非王臣”[①]，应该是比较可靠的记载。西周的制度是周公旦安排的利益制度与封建制度，根据这种制度，周王把土地分封给诸侯，诸侯再将受封的土地分赐给士大夫，士大夫把土地分给农民耕种。农民耕种的土地中有

① 周振甫译注：《诗经·小雅·北山》，北京：中华书局，2010，第312页。

一部分是国家的田亩，这样农民生产的粮食除了供养自身的家庭，也要奉养不事耕种的诸侯士大夫家族。诸侯士大夫依靠这部分受土地享受供养生活的制度叫“食田”。至于诸侯士大夫阶级与耕种土地的农民之间是否存在剥削与被剥削的关系？这种农耕制剥削是否比罗马的奴隶制剥削更严酷？对这类问题也可以讨论。《史记·循吏列传》：“使食禄者不得与下民争利”[①]，这里似乎在讲剥削关系，但这是另外一个问题，不是本节课的重点，这里就不详细说了。

3. 生产关系

古代中国政府的职能，一方面依礼调节广大劳力阶级的“井田”数量，以及随之而来的“助”籍

① ［汉］司马迁：《史记·循吏列传》，北京：中华书局，2006，第695页。

管理。孟子解释："助者，籍也[①]"。这个"助"，是孟子提出来的，"助"的意思就是"帮助"。井田制过于理想化，不一定是能够达到社会目标，所以应该对耕种者有所"助"。我在这里不讲"权理"，我讲"礼仪"，这就是中国的制度。从诸侯士大夫的说法看，"劳心者"要考虑如何顺应封建礼制的安排。另一方面，政府要调节士大夫阶层的治理与相应的"宗法"管理。封建制度最重要的部分是"宗法"，士大夫本来是家臣，其所任职务依宗法关系的远近亲疏而定，宗法的维系也使得他们的社会关系便于协调。

（二）生产关系的变化

从西周末年开始，周礼和封建制的社会影响力减弱，此后中国社会的生产关系发生变化。

---

① ［战国］孟轲著，杨伯峻、杨逢彬注译：《孟子》，长沙：岳麓书社，2000，第 83 页。

1. 东周的“初税亩”和“游士”

东周以后，礼仪制和封建制的价值不再被认同。公元前594年，鲁国颁布“初税亩”制，按私人占有土地面积计亩征税，称“田赋”，这是对“劳力者”管理的变化。“劳心者”阶层也发生变化，不再那么引人注意，于是“游士”阶层崛起。一批士大夫不再服务他们所在家族的诸侯国，而是到处游说，为那些喜欢采用他们的政治技术的国家服务。连孔子本人也成了“游士”。但他在离开鲁国之后，没有其他任何国家启用他。他的一生并不成功。前面提到，他的儒学得到发展也是在汉代以后。

“游士”流动阶层的形成，打破了从前以宗法制为纽带的社会关系。原以宗法分封而确定的卿、大夫、士等封爵的等级和世袭制，随着“游士”越来越多，世袭废弛。秦统一中国后，推行郡县制，取消封建制，失去宗法基础的封建制也无法续存。“食田”者在封邑内失去统治权力，改为另一种俸禄，即由中央行政机构统一向封邑内的农民征收新的赋税，俸禄的数量按管辖地的民产计算，这与西周的制度完全不同。这是古代中国生产关系中的很重要的变化。

2. 商鞅变法取消封建制

秦代的商鞅变法，确立了农田私有制，废除了封建制。但新制度没有对“权理”进行重新安排，这就与古罗马时期的“权理”观念所涉及的政治制度不同。

商鞅成立国家中央官僚系统，打破世袭制，取消宗法特权，以人才作为选官的标准。这种改革的实施，与秦统一天下后的局势有关。秦国选官曾广泛使用军功爵制，可是秦统一后不打仗了，也就无所谓以军功论赏。新国家的行政管理又需要有一定文化素养、有管理能力、而非有军功、有武艺、有臂力者担当，这种变化就给“劳心者”提出了新的要求。

秦代沿袭战国传统，设博士制度，王静庵指出：“秦博士亦议典礼政事，与汉制同矣”①，博士被允许参与议政，地位是很高的。秦国已出现宫邸学校，弟子“以吏为师”，“以法为教”，注重学习法令的知识和写作的本领。

3. 出现物质资本与非物质资本

秦朝变革生产关系的结果有二：一是使农田成为“劳力者”从事生产的物质资本，二是封建官僚制度体系使掌握文字成为“劳心者”取得社会进阶的非物质资本，这是中国社会独有的关系资本模式，不论是孔子的儒家还是商鞅的法家，都让这个模式既改革又存续。

---

①　王国维：《汉魏博士考》，收入王国维《观堂集林》（外二种），石家庄：河北教育出版社，2003，第85页。

（三）科　举

两汉以后，选官制度越来越演变为以严格的文字文学能力为核心进行。文人学子试图以深厚的学力为资本，在政治舞台上扮演重要的角色。两汉还有“察举制”，荐秀才和举孝廉，推崇贤良道德和相关文章。魏晋南北朝实行九品中正制，向封建复归，但这时的封建已接近欧洲中古时代的封建制，而不是一味地向中国古代封建制复古。隋朝建立科举制，允许民间自由报考，寒门细族子弟亦有机会通过科考的途径进入上层社会，于是更多的人开始学习文字与儒家经典，儒家的影响进一步扩大。唐代是科举制度的鼎盛期。宋代开始有书院，仁宗废止诗赋取士，定为以经义取士。元代科举的时间短，规模小，科举不是主要选官途径。明清科举最严，并提倡八股文，形成固定的撰写模式。

随着科举制度的不断发展完善，儒家思想逐渐制度化，科举制度也日益儒家化。儒家文化与科举制度的结合，建构了中国传统文化的中心，它所发展的不是资本的萌芽，而是发展控制社会的儒士政治力量，“儒士主义”形成。

在千余年的科举制度实施中，中国的文人学士对读书科考极为重视，以博取进士功名和进仕做官为人生的最高目标。

（四）重视非物质资本胜于物质资本

对中国古代的科举制度，要用中国的方法研究它。在中国人的眼中，物质资本不是最宝贵的东西，而宁愿选择非物质资本。

中国人从来爱做官。他们认为，当官能光宗耀祖，青史留名。比起经商发财，他们更喜欢做儒士升官，所以在中国历史上资本主义只有萌芽而不发展。

我不同意马克斯·韦伯（Max Weber）的说法，

他是很有名的德国社会学家，但他在回答中国资本主义为什么没有得到发展的问题时，认为是“被儒家的宗教与伦理所阻挠”[①]，我不赞成。我喜欢余英时的研究，他对明清时期的中国经济与社会做了研究，发现当时存在士商联盟的现象，商人借助儒家宗教与伦理两者发家致富[②]。儒家的宗教与伦理并不是阻止中国资本主义发展的根本原因，问题在于商人发财之后，更愿意儿子做官，而不是经商。

结论：欧洲的“两剑论”阻碍神甫主义萌芽的发展

在欧洲，与儒士主义相对应的，是天主教的神

---

① ［德］马克斯·韦伯（Max Weber）著，洪天富译：《儒教与道教》，南京：江苏人民出版社，2008，第 252 页。

② 余英时：《中国近世宗教伦理与商人精神》，台北：联经出版事业公司，1987，第 162 页。

甫。神甫完全垄断教学、拥有丰富的非物质资本，却没能发展出“神甫主义”的萌芽。之所以如此，是由于神学存在“两剑论”。“两剑论”指两种权力，一种是精神权力，一种是世俗权力。它意味着，对两种权力之剑，神甫只能尽可能地使用其中的一把，不能合二为一。但是，在欧洲，教皇与国王不是一个人，两者之间还经常发生冲突，所以在欧洲不可能产生跟中国一样的控制社会的“儒士主义”。欧洲在 16 世纪实现基督教的新教改革后，才使新教中的清教非物质道德资本与商人的物质资本合并，使资本主义成形，这是马克思·韦伯的一个非常了不起的观点。我不同意他对中国社会的论断，但我赞成他对欧洲社会的这种认识。

中国的问题不是资本主义没有得到发展，而是儒家的非物质资本思想遗产怎样发展。中国的儒士主义传统如何继续影响中国的历史。

附：

在接受北京师范大学荣誉教授职衔仪式上的答谢词[①]

我非常激动，感谢北京师范大学授予我荣誉教授的称号。同时我深知，我远远不足获得这一崇高的荣誉。它是通过我，向那些在汉学上为我开辟道路并帮助我前行的人们致意！

在他们中间，我首先要感恩的，是我最敬爱的法国导师保罗·戴密微先生、我最敬爱的中国导师饶宗颐先生、我最敬爱的日本导师内田雄夫先生，以及许许多多我有幸受教而不能逐一列名的教授们。

我同样感谢我的中国朋友们，因为他们，我对

---

① 北京师范大学为汪德迈教授颁授荣誉教授职衔的仪式，于2015年9月7日在北京师范大学英东楼学术会堂隆重举行，北京师范大学校长董奇教授向汪德迈先生颁发荣誉证书，汪德迈先生在接受荣誉证书后发表了本篇答谢词。

中国文化所特别发展的人性质量有着弥足珍贵的亲切感。在此我也不能一一细数他们的名字。但请允许我列举一二。首先，是在1945年教我中国语言基础知识的陈荣生先生。其次，是四十年之后我的第一位译者陈彦。而后，是在座的金丝燕教授，在我研究生涯的后期，我与她近十年来进行着非常丰富的合作；并与她的同事李晓红、李中耀画家夫妇结识，他们教我任何书本里都没有的中国绘画与书法。

从我个人来讲，由于才气不足，我勤奋地工作。60年来，我几乎没有一天不读书，哪怕是几行字的中文。但我没有任何功绩可言，因为我的努力始终迅速被发现的欣喜所回报，哪怕是细微的发现，对于我都是中国文化不可枯竭的丰富性的展现。

中国文化3000年来不断发展，在依旧活跃至今的所有文化中最为古老。诚然，它在与西方现代化激烈的相遇中受到冲击，深受伤害，在近两个世纪中，震荡不断；但是，它现在开始重获青春，那是它自己的、现代化的青春，我深信，这一青春将于21世纪更加令人瞩目。

我坚信中国文化的未来。我为自己的文化，法兰西文化曾经在西方最先向中国开放而特别感到荣幸，这有助于我继承三个世纪的法兰西汉学研究传统、进行微薄的研究。我希望能够由我将这一传统传给为数不多的满怀善意来听课的学生们。无论怎样，我传给他们的是一种激情：对中国人文主义的热爱。

第四章

中西文化的互补性

——与汤一介在北京大学儒学院的对话[①]

中西文化是否具有互补性？如果有，那么从哪里互补？怎样互补？互补的目标又是什么？对这一系列问题，汪德迈与汤一介曾在北京进行了一场对话。

2011 年 12 月 17 日和 12 月 19 日，由《跨文化对话》主编乐黛云教授主持，在北京大学儒学院和朗润园的汤一介宅邸，两人先后两次做了长时间的对谈。旅法学者

① 本章文字由陈力川和金丝燕承担了全部中文稿的校阅工作，并经汤一介先生和汪德迈先生审阅通过。数字录音转录：张锦。

陈力川和金丝燕教授担任了这场对话的法文翻译工作。以下是这次对话的全稿。

一、中国古代哲学、儒学与西方文化

时间：2011 年 12 月 17 日

地点：北京大学儒学院

翻译：陈力川

主持人乐黛云教授（以下简称乐）：今天非常高兴地邀请法国著名汉学家汪德迈教授和北京大学儒学院院长，《儒藏》的首席专家汤一介教授做一次对谈。两位老先生都是 80 多岁的人了，汤一介先生 85 岁，汪德迈先生下个月 84 岁。他们对中国文化都颇有研究，学生也非常多。我们和汪德迈教授是比较熟悉的，在法国和中国多次见过面。《跨文化对话》

近期将发表汪德迈教授的新著《表意文字与拼音文字》的序和跋，汪先生在该书中阐述的思想是很有创造性的。今天我特别高兴地请到北京大学校友陈力川先生帮我们做翻译。在座的还有法国阿尔多瓦大学的金丝燕教授，她曾经是我们北京大学比较文学研究所的第一位助教，北京大学出版社的负责人高秀芹博士，北京大学法语系的秦海鹰教授，北京师范大学的董晓萍教授。还有张锦，是我的学生，《外国文学评论》的编辑，这次请她帮我们做记录。两位老先生的谈话记录整理后会发表在《跨文化对话》上。今天对话的主题是中西文化的互补性。我们现在就开始吧，谁先谈呢?

汪德迈教授（以下简称汪）：最近我在福建的华侨大学讲课，有一次，我问一个学生："你认为现在最能代表中国思想的思想家是谁？"他考虑了一下说："是汤一介先生。"

汤一介教授（以下简称汤）：我先提一个问题。汪德迈教授在《〈儒藏〉的世界意义》这篇文章中有一段话："曾经带给世界完美的人权思想的西方人文主义面对近代社会以降的挑战，迄今无法给出一个正确的答案。那么，为什么不思考一下儒家思想可能指引世界的道路，例如'天人合一'提出的尊重自然的思想、'远神近人'所倡导的拒绝宗教完整主义以及'四海之内皆兄弟'的博爱精神呢？"读完汪德迈先生的这段话，我想是不是可以说：西方文化可以从中国的儒家文化中得到某种互补的意义？能不能请汪德迈教授对这段话做点解释和发挥。

汪：我认为在中国的人文主义当中，有许多宝贵的财富，但中国的人文主义在西方的传播受到一些表述方式的限制，因为这种表述方式不符合西方的传统。中国人文主义的一个关键的概念是"仁"。这个"仁"字，由"亻"加"二"组成，反映了中国人对“仁”的基本看法。“仁”的概念，对西方人来说，非常陌生。西方的人文主义是建立在神学基础上的，神学来自犹太教、基督教和柏拉图主义，后来经过托马斯·阿奎纳（Thomas Aquinas）的阐发，形成了西方人文主义的神学传统，即人的价值来源于神，人的形象是按照上帝的形象创造的。在中国的人文主义中，人是自然的一部分，是宇宙的一部分，人跟自然一样，参与整个宇宙的运动。因此在中国的人文主义中，有“天人合一”这样的概念。人的价值观不同，对人的理解不同，这是中西文化的一个根本差异。

在西方的人文主义传统中，有一个“平等”的概念。按照西方神学的说法，人是按照上帝的形象创造的，在上帝面前人人平等。“平等”的概念是西方人文主义的一个重要概念。相比之下，中国的人文主义对人的理解是，人与人之间存在极大的差异，由于他们的天资不同，社会地位不同，每个人都处在一个不同的位置上。例如“父子”的概念，父与子处于不同的地位，他们之间是没有平等可言的。因此，父要慈，子要孝。这是界定父子关系的基础。同理，君王、臣子与普通人都处于不同的地位，所以他们的责任和义务是不同的。中国的这套社会等级观念在西方很容易引起误解，许多西方人认为中国的儒家思想否定人与人之间的平等。而对于一个中国人来说，西方“人人平等”的概念也很难理解，因为中国人不认为父和子是平等的，君和民是平等的，夫和妻是平等，因为每个人都有自己特殊的社会身份、地位和义务。因此，我认为“平等”这个概念是中西方互不理解的原因之一。在西方，理论上大家都认可平等的观念，而且将平等作为推广人权的一个手段，但是在现实中，大家都知道绝对的平等是不存在的，因为平等受到许多主客观条件的制约。这种理论上的平等和实际上的不平等是一个普遍存在的现实。

在西方，平等和人权的原则助长了某种个人主义思想：个人高于集体，个人利益高于集体利益。个人主义的泛滥导致了西方社会普遍的危机，我认为，这是一种“社会性”的危机：每个人都赋予自己的自由以无限的空间，致使社会联系、社会精神受到破坏。在中国，我们也看到某种思想导致的缺陷，正如我们在巴金的《家》中看到的那样，集体主义对个人的压迫，个人受到种种束缚，处在不自由的状态，这也是东方的问题。我认为，每个文化的价值本身都是好的，都值得尊重，西方的个人主义价值观和东方的集体主义价值观都有其优秀的一面，都应该得到继承。但是价值不能被推向极端，不能被歪曲。再好的价值，如果被推向极端或被歪曲，也会产生很多副作用。

汤：刚才汪德迈教授对中国和西方不同传统的看法，我觉得很有意义。我想先讲讲我对中国传统观念的一些看法。我首先得把理想或者理念与现实分开来考虑，因为，理想或者一种很好的理念，并不可能都在现实中实现，这一点无论西方和中国都一样。中国最早注重的是“礼”，它建立的是人与人之间的关系，而不是人与神之间的关系。那么在人与人之间的关系中，原始儒家认为是互有权利和义务的，就是说父慈才能要求子孝，你如果父不慈就不能要求子孝；反过来讲，子必须孝才能要求父慈。当然这里面是有不平等的观念，特别到后面讲到夫妻关系的时候是最明显的，它讲夫义妻顺，妻子一定要顺从。我想后来孔子看到这个“礼”的观念有缺陷，所以他讲“礼和乐”，要是没有“仁”的话，这个礼和乐是没有意义的，所以礼、乐必须讲“仁”，这是《论语》中讲到的。因此，孔子对“仁”做了定义，叫“仁者爱人”。但他这个“仁者爱人”是有不同层次的。在《中庸》中有一句话就讲：“仁者，人也。亲亲为大。”就是说仁爱的“仁”是人本身，是人的本性的要求，但是本来所具有的这种仁爱属性是从什么出发的呢？它是从爱自己的亲人出发的。可见孔子认为出发点是在亲人这里，但是不能停留在出发点上，而要推己及人。孟子的一句话说得就更具体了，他说："亲亲而仁民"，就是从"亲亲"一定要达到"仁民"，要对老百姓仁爱，"仁民而爱物"，还要把对老百姓的仁爱推到爱物，爱其他的事物。这样就可以引发出"天人合一"的观念：你不仅要爱人而且要爱物，要爱整个自然界，爱大地、花草树木。这里面有它合理的东西，可取的东西，但确实有等级的次序，因为它是从亲亲到仁民到爱物。那么在现实社会中间，要做到这样一个等级次序实际上也是非常难的。不过从理念上讲，它很可能更适应于东方，特别是中国的农业社会的要求，因为中国的农业社会是以家庭为中心的，家庭同时是生活单位也是生产单位，那么，你首先要维护家庭的和睦相处，然后才能与你周围的人和睦相处，然后你才会爱护你耕种的这片土地，就是要及物才行。如果你不爱护你居住的土地，当然会导致社会的混乱。所以我想中国思想是这样一个逻辑的考虑吧。

这一点与西方不同，因为西方的思想有宗教，宗教认为在上帝面前人人平等。为什么呢？因为根据《圣经》上讲，大家都是上帝的儿子，不过它有一个说法，就是你必须是基督教徒，大家才是平等的。那么非基督教徒怎么办？好像它没有解决这个问题，因为它是一神教。因此就产生了宗教冲突，比方说十四次十字军东征，打了200年，它是和伊斯兰教打，因为两个都是一神教，所以我觉得这是个比较麻烦的问题。怎么解决这个问题呢？也许中国可以提供一点经验。中国的儒家主张“道并行而不相悖”，所有不同的道理，包括宗教信仰，都可以共同发展，而不一定要互相排斥，这是儒家的思想。而道家的思想讲究“有容乃大”，你必须有很大的容量才是大的思想。那么中国的佛教，特别是禅宗，它和印度佛教有着复杂的关系。印度的佛教之所以发展出来，它是要反对种姓制度的，中国佛教接受了印度佛教反对种姓制度的一面，但它也有所发展。所以中国禅宗非常重要的高僧宗密做了一件事情。佛教里头有所谓“判教”：对各种教派做一个评判，对各种思想做一个评判，本来这种评判是对它们宗教内部讲的，因为佛教有大乘、小乘、显宗、密宗等等，判教就是把佛教内部不同的宗派排列起来，哪个是最好的，哪个是其次的，但是这种评判并不互相排斥。宗密的做法是把儒家思想和道家思想全都排在这个判教里面，不是仅仅判佛教内部不同的流派。我想这个思想也许有一点意义，就是说它不要排斥别的思想，就这点讲，我想中国文化也许对西方的一神教有点作用。

当然中国文化的缺陷也很多，特别是“礼”的发展，孔子讲“人而不仁，如何礼？人而不仁，如何乐？”，可是到秦汉以后，中国这个“礼”有非常大的变化，就是讲“三纲六纪”，这就把“礼”演化成一种统治和服从的关系。现在我们常常把中国秦汉以后说成是封建社会，它实际上是中央集权的皇权专制社会，跟西方的封建社会完全是两回事。历史总是要发展的，但是在发展中，后来的东西并不一定比前面的更好。

有一次，我跟法兰西学院科学院院士，地质学家克萨维·李比雄（Xavier Le Pichon）讨论这样一个问题：现在的人跟过去的人比较谁更痛苦？是现代人更痛苦呢，还是古代的人更痛苦？那次讨论是金丝燕做的翻译。我们讨论了很久也说不清楚到底是现在的人更痛苦，还是过去的人更痛苦。因为我们没有生活在过去，所以我们不能了解过去。我还有一个想法，我觉得西方现在也有很多变化，比如说西方的过程哲学（process philosophy），怀特海（Whitehead）有一句很重要的话，就讲“人和自然是个生命共同体”，我认为这个表达比“天人合一”的表达更清楚，为什么呢？它是把天和人都看成是有生命的，共同存在的，是一个整体。因为“天人合一”的观念，常常会被人误解为“天”和“人”是不分的。所以我觉得西方有些变化，这些变化到底是受中国影响的，还是西方独立发展的，我不大清楚。因为怀特海的思想在上世纪 20、30 年代就传到了中国。第一个介绍他的是我的老师贺麟教授。我觉得东西文化不仅有互补性，而且可能有共同的看法。我们经常讲到共同价值的问题，就是找到人类社会都承认的一些价值，而且找的越多，对人类社会就会越好一些，我是这样想的。怎么判断这个价值呢？需要在不同的文化中间寻求大家都可以接受的东西。1993 年在芝加哥召开的世界宗教大会发表了一个《全球伦理宣言》，这个宣言把“己所不欲勿施于人”定为伦理的底限。其实“己所不欲勿施于人”在《圣经》里也可以找到，在佛经里也可以找到，它并不是中国独有的，其他文化也有。如果找到更多的这种共同思想、共同价值，今天的人类就会更好。所以我们得承认，各种不同的文化中都有具有普世价值意义的因素。

乐：我觉得汪德迈教授比较强调差异。如果没有差异，就没有比较，也没有沟通。

汪：对，我强调差异，当然我觉得也有共通之处。

乐：但是这个关系应该怎么理解呢？差异怎么理解，关系怎么理解，哪些是共通的，哪些是不共通的呢？

汪：正如汤一介教授刚才所谈到的，在中国历史上产生过一些变化，这些变化是佛教传入中国以后发生的。欧洲也出现过类似的情况，例如 18 世纪的启蒙运动给欧洲带来的宗教改革。西方对社会的理解也发生过变化，比如在英国 17 世纪的政治哲学家霍布斯看来，“人对人是狼”，人与人的关系就是人与狼的关系。调节人与人关系的是利益，而不是基督教所宣扬的“博爱”或者“爱他人”这样的伦理原则。霍布斯的思想与孟子的思想完全相反。在孟子看来，“人之初，性本善”，如果你看到一个婴儿落井，你会本能地去救他，这是人的善良本质的一种表现。而在霍布斯看来，人天生没有这种善良的本质，人是趋利的动物，以追求个人的利益为依归。因此，只能把社会建立在利益关系上，不能把社会建立在同情、怜悯、善良这些价值观上。因此，霍布斯主张开明君主制：一个社会应该有权威，这个权威的执行者应该是一个开明君主式的人物。在霍布斯看来，每个人都有自己的利益，而不同的个人利益可以导向某种公共利益，在个人利益导向公共利益的过程中要有一个担保人，这个担保人就是开明君主。因此，个人应该将自己的自然权利交给这个权威人物，只有绝对的权威才能保证社会契约的实行。霍布斯的政治思想后来遭到了一些批判，最先批判他的人是卢梭。在卢梭看来，社会契约不是让个人将自然权利交付给权威者，而是将自身的一切权利转让给整个集体。卢梭不否认个人利益的存在（“人人都受着私自的动机所引导”），但是共同利益可以使全体个人结成一个道德共同体，所形成的公共人格，卢梭将其称为“共和国”或“政治体”，“国家”或“主权者”。这样一来，社会契约在公民之间确立了一种平等，所有人都遵守同样的条件并享有同样的权利。法国大革命以后，欧洲社会开始了漫长的民主建设的历程。

西方的民主思想的确与中国的思想有某种对立性：中国的思想注重和谐，个人被要求放弃自己的利益来成全集体的利益，因为集体的利益高于个人的利益，只有这样才能实现社会的普遍和谐。而在西方的民主进程中，我们看到的是保护个人利益，每个人都要保护自己的利益，这是西方民主社会的常态，当然这很容易造成个人利益至上。中西方也有一些共同的价值，这一点没有问题。问题在于中西方在各自的社会构建中把这些价值放在什么位置上，以及如何评价这些价值。在民主占主导优势的西方国家，“民主”自然被置于社会价值的最高端，中国不是这样。自19世纪中叶以来，中国和西方发生了大规模的接触和冲突，1911年辛亥革命的时候，孙中山是承认民主价值的，但是他认为当时的中国不具备实行民主的条件，因此必须通过教育，通过改善中国的物质条件为民主准备条件，这个思想一直延续到今天，当政者仍然认为中国现在不具备实行民主的条件，还需要发展经济，提高教育。

现在西方社会有一个民主的危机。为什么会有民主的危机？因为习惯于把民主当做最高价值，而现在我们看到“民主”不足以解决人类碰到的一些问题，例如资源分配和环境保护。一碰到这类问题，每个国家，每个企业都有自己的利益，都会为保护自己的利益而不遗余力地争夺。再比如金融危机，民主在西方实行了这么多年，怎么还会爆发如此严重的金融危机呢？这说明民主不足以控制和调节金融领域的危机因素。现在西方有一些学者，例如罗桑瓦隆（Pierre Rosanvallon），提出这样一个问题：当今社会与18世纪的社会具有本质的不同，那个时代创建的民主制度已经不适应我们这个时代。如何既尊重民主价值，又能解决当今社会面临的问题，这是一个值得研究的课题。现在西方民主碰到的问题之一就是我们通常所说的议会民主，议会民主就是人民选举代表，由这些代表去立法施政。议会民主，或代议制民主的危机表现为政党政治的危机。政党政治表面上是在维护公共利益，实际上是通过民主运作争夺权力。在这方面，我觉得中国可能有不同的传统。中国的集体主义，或曰集体观念也许对西方具有某些参考价值。我想强调的是，真正的问题不在于说哪里的情况更好，哪里的危机更严重。在东西方社会的比较中断定孰优孰劣没有什么意义。真正的问题既不是说西方的民主危机使西方的情况不如没有民主的中国，也不是说中国的专制使中国的情况比存在民主危机的欧洲更糟。真正的问题是我们每个社会都不完善，都有缺陷，问题是我们沉迷于自身的传统，看不到自己的问题，看不到自己的缺点，我们需要借鉴他者的经验，不是为了模仿或者照搬他者的经验，而是借助他者的经验看到自己的问题，改正自己的缺点。

汤：刚才汪德迈教授讲的观点我非常同意，从另一个文化传统来看自身的文化传统对于我们了解自己一定会有许多帮助。比方说民主这个问题，民主不仅仅是一种理念，而且是一种制度。为什么民主在中国那么困难，就是因为它没有办法形成一种制度。这与传统文化有一定的关系。我们在郭店出土的《郭店楚简》，有《性自命出》这么一篇，在上海他们把这一篇叫做《性情论》，里面最重要的一句话是“道始于情”，就是人与人之间的关系是从感情开始的。在中国为什么很难建立民主制度呢？就是因为它把感情放在最重要的地位。这个感情是和什么联系在一起的呢？是跟道德修养，也就是与修身联系在一起。修身好了你的道德就会好了。中国有部书叫《大学》，它原来也是《礼记》中的一篇，它就讲“修身、齐家、治国、平天下”。在底下那一句话叫做“自天子以至于庶人，壹是皆以修身为本”。所有的人都以修身为根本，既然它把修身，把人的情看作最重要的东西，那么在中国建立法治就很困难。它把很多人情的关系放在制度里面去了。所以中国从古到今基本都是人治的社会而非法治的社会。

18 世纪以后，西方法治社会越来越健全，当然现在也发生了很多问题，这不是法治本身的问题，而是人在执行法治时出现的问题。明天晚上我要在北京大学做一个演讲，讲的就是“启蒙在中国的艰难历程”。为什么18世纪以来的启蒙思想，如自由、民主、人权等思想在中国实行起来有困难，就是因为在中国建立法治有困难。困难的原因就是我们一切以修身为本，我们从感情出发来解决这个问题，那是解决不了的。这是我想讲的第一个问题。第二个问题我想讲，启蒙运动的口号是讲“理性”，康德说我们要大大地讲“理性”。我觉得理性是非常重要的东西，启蒙时代的理性也是非常好的理想。马克思、恩格斯在《德意志意识形态》中就讲，资产阶级讲的自由和平等是对所有人的，他们当时讲的时候是真诚的并不是要欺骗。我想确实是这样的，他们当时讲的时候是真诚的，而不是要欺骗。问题是后来，就像汪德迈教授讲的，发生了问题，比如说理性的问题，韦伯认为讲“理性”一方面要讲工具理性，一方面要讲价值理性，本来二者应该是平衡发展的，但是18世纪，尤其是19世纪，将科学变成了科学主义，认为科学万能，可以解决一切问题。工具理性的发展使得价值理性被边缘化了。西方现在的问题可能就是工具理性太强了，不仅把人当做一种工具，而且把自然界也当做一种工具，它宰制了人，也宰制了自然界，所以就出现了问题。因此，我想现在可能要更多地强调西方的价值理性，价值理性中最重要的就是它的人文价值。这种价值一定要落实到制度层面，才能发挥作用。如果不能落实到制度层面，就不能发挥作用。比方说中国共产党的领导人，从《新民主主义论》开始一直都在讲民主，但是为什么到现在民主还不能落实，除了跟我们的传统有密切的关系之外，就是我们缺乏法治的思想，而且更糟糕的是有法不依，为什么会这样，就是情的问题，人情在起作用。所以法不能落实，不起作用，情大于法。从此可以看到，西方文化对中国文化有非常重要的互补性，例如法治观念，就对中国有非常重要的互补意义。所以我觉得今天我们仍然要很好地不断地学习西方，而不是排斥西方文化。我想补充这些想法。

汪：关于法治和修身这个问题，刚才汤一介教授做了很好的阐释，中国之所以没有法治，没有建立民主制度，的确与中国的传统比较强调人情和自身的修养有关。我想补充的是，在西方的民主制度下，越来越多的人认为所有的问题都可以交给制度去解决。满足人的欲望也被视为一种人文主义价值，实际上这是对人文主义价值的误解，致使个人主义不断追求自我欲望的满足。这种现象的后果是什么呢？后果就是人没有自律了，一谈自律就好像说了粗话一样丢人。自我约束、洁身自好这些品质都被欲望代替了。这也是一个问题。

汤：我插一句，中国其实也不是不讲欲望，孔子就曾说："富与贵人之所欲也"，富和贵是人所希望得到的，但下面一句“不以其道得之，不处也”，不用“道”来取得富与贵，我不这样做。孔子其实不反对欲望。但是，刚才讲的这个修身太强调自律而不重视他律，自律与他律的平衡是非常重要的，是非常不容易处理好的，很可能是这个问题，因为他律就是要有法。

汪：关于这一点，我想引用 19 世纪英国自由主义思想家约翰·密尔（John Stuart Mill）的话来说明：“与一头幸福的猪相比，我更喜欢不幸的苏格拉底。”约翰·密尔这句话值得我们深思。中国经济的长足发展滋生了一种消费精神，这种消费精神很可能产生与西方同样的问题，“幸福的猪”越来越多，“不幸的苏格拉底”越来越少。西方还有一个俗语，叫做“劣币驱逐良币”。在价值这个问题上，也存在同样的危险。很多人没有把西方好的价值拿过来补充或者修正自己的文化，而是把西方一些错误的，或者不好的东西拿来为我所用。我觉得一个人在看待另一种文化时，会带有一定的倾向性，这种倾向性或许也是一种缺陷，即容易在他者的文化中注意那些稀奇古怪的东西，令人好奇的东西，而没有看到这种文化的真正价值，因此觉得自己的文化是最优越的。其实这是拿自己文化中优秀的东西与其他文化中稀奇古怪的东西进行比较得出的错误见解。

现在东西方都有一种时尚，就是谈论热点问题。什么是热点问题呢？政治和经济。谈论政治和经济能真正解决问题吗？当然不能。真正解决问题必须回到文化的本质价值上去。热点问题是一种即时性的问题，不是本质问题。我举个我个人的例子，我一辈子从事教学工作，我经常跟人谈论中国文化，例如中国的诗歌，有人反驳我说，您跟我们谈论中国文化、中国诗歌，您知道在西藏发生的事情吗？您知道在那里存在监禁、酷刑和迫害吗？您为什么不关心西藏的这些问题呢？我回答说：是的，在任何一个国家，任何一个文化当中都有某些邪恶的行为，我反对任何邪恶的行为，但是我要谈的是一些文化本质性的东西，不能一提到他国文化，就只能去谈一些倒行逆施的事情。我们应当从其他文化中看到真正有价值的东西，以弥补自己文化中的不足之处。在当今社会，不是任何人都有权利去作证。“证人”这个词的本义是殉难者、殉道者的意思，也就是说只有那些真正受苦受难的殉道者才有作证的权利。而现在我们听到的一些证言，并不是亲身经历，而是把一些道听途说的东西当作证言，佐证自己的某种观点。对于这些人的话，我的回答是我不相信。一个人应该站在自己的立场上，凭着自己的经验去捍卫自己相信的价值。有些人可能是本着英雄主义的态度来做这件事情的，我认为有些事情不是单凭英雄主义能解决的。我并不是说英雄主义的情怀有什么不好，这不是我的问题。在我看来，最重要的是向文化的原点和根基回归。什么是文化的原点和根基呢？就是我刚才说的文化的根本价值。我知道我这样说会被一些欧洲人认为不合时宜，就像堂吉诃德捍卫那些已经过时了的，或者今天已经没有意义的价值一样，但是我会坚持。在文化领域，还有一个问题，有些人想操纵文化，在我看来这是个值得人们警惕的现象。昨天我跟金丝燕女士谈到，法国的教育部决定在中小学恢复道德教育，设置道德课。我认为法国政府这样做是出于选举的考量，与道德无关。我也注意到，在中国有一些人提倡儒家价值，这种现象我们也要很好地分析，看看这里有没有文化操纵的成分。

乐：文化操纵的问题确实是一个很重要的问题。

汤：我还是接着讲文化的融合和发展吧。文化的传入往往是全方位的，比如印度佛教，它是全方位传入到中国的。到底哪些适合中国的需要，哪些不适合中国的需要，哪些是有价值的，哪些是没有价值的，这要经过很长时间的选择才能知道。中国吸取印度佛教文化花了一千年的时间，才使中国把印度佛教消化到中国自身的文化当中，所以我们现在说中国传统文化是儒、释、道三家。比如说宋明理学，如果没有长期消化印度佛教文化的过程，宋明理学是很难建立起来的。因为它至少在几个方面吸取了印度文化，例如程朱理学很重要的一个思想就是讲“理一分殊”，它认为“理”是一个完整的东西，它虽然分在不同的人中间，但应该是一个完整的东西。事实上，每个人并不都是取得了完整的“理”。“理一分殊”的观念就是从印度的，首先是从一个形象得到的，就是“月映万川”，因为月亮照在江河湖海中，它是完整地照在那里，不是部分地照在那里。如果从哲学上讲，就是佛教讲的“一即是多，多即是一”，一和多的关系是互相的关系，并不是割裂或者对立的关系，这样才有“理一分殊”的现象。所以真正吸取印度文化、印度佛教，要花很长的时间才能真正了解，并且按照我们的需要改造印度佛教。在改造方面，比如说印度禅学讲“静”，平静的“静”，因为它要修禅，它是“一禅天、二禅天、三禅天、四禅天”，怎样把你的心情平静下来，平静到极度的平静才是最高的境界。中国觉得这个很有意义，就把它接受过来，到了宋明理学，特别是二程，将“静”改成了“恭敬”的“敬”，就是涵养需要“敬”，就是你修自己不是“安静”的问题，而是你“尊敬”的问题，这样就改变了佛教原来比较消极的东西。因为尊敬是一个动态而不是静态的东西，对对象是动态的感受。

中国吸取西方文化才一百多年，那么怎样才能真正消化西方文化，使得西方文化成为自己非常重要的组成部分，就像汪德迈先生所讲的，了解西方文化本源的思想，我觉得也还需要花很长的时间。反过来讲，西方要了解中国文化本源的思想也要花很长的时间，虽然它从启蒙运动就开始了解，甚至从更早就开始了解中国文化了，但了解的都是表面的东西，不是中国文化本质的东西。另外要注意的就是，无论了解哪一种别人的文化，你都必须有主体性，自身文化的主体性。如果你丢失了你自身文化的主体性和本源的话，你就没有能力去吸取其他文化优秀的东西，反而容易吸收像刚才汪德迈教授所讲的那些皮毛的东西，那些不健康的东西。我想任何民族吸收其他民族文化的时候，都要有自我的主体性，就是要立足在自己的民族文化的本源上来考虑，而且不是短时间的，一定是长时间才能做到的，这一点从我们吸收印度佛教上可以得到证明。现在我们从来不会觉得佛教不是自己的东西，我们看它就是中国的东西。但是我们现在还没有把西方的东西消化好，还没有把它完全变成中国的东西，西方也没有把中国的东西看成他们自己的东西，那些最根本的东西，具有本源精神的那些东西。所以这个是很漫长，需要发挥知识分子的良心才能做到的事情。乐先生老说我经常忧心忡忡，为什么我忧心忡忡呢？我一方面怕失去我们文化的主体性，另一方面我也怕我们不能了解西方文化的基本精神。所以不能不忧心忡忡，因为你面对现实的社会，它的问题那么多。政治、经济常常是带有功利性的，而文化的问题从根源上讲不应该是功利性的，它应该是超功利性的。

汪：我同意汤一介教授的意见，我想举两个例子来说明这一点。1957 年我在越南河内任职，那年我受邀去柬埔寨金边参加一个会议。在这个会上，印度学专家斐利尤萨（Jean Filliozat）在会上大谈印度的佛教，法国汉学家戴密微（Paul Demiéville）站起来说，印度已经没有佛教了，印度佛教已经消失了，佛教是中国的。中国佛教的代表是禅宗，禅宗实际上是中国思想、中国哲学吸纳了佛教以后产生的一种思想。今天在来这里的路上，我们谈到法国的诗人克洛岱尔（Paul Claudel），我认为他是法国最伟大的诗人之一，他有好几年在中国担任外交官，他吸收了中国和日本的戏剧艺术创造了他的剧作《缎子鞋》，从这个作品中我们可以看出一个深具法国传统的作家如何吸收中国和日本的戏剧艺术来创造自己的作品。这是一个文化融合成功的例子。

汤：我也来讲一个故事吧。那是在 1990 年，我们在美国洛杉矶开一个关于孔子问题的讨论会。讨论会结束后，台湾的星云大师请我们去他的西来寺做客。我们一进去就看到一个大圆桌，每个座位面前都放了一个红包，这就有问题了，他请的都是大陆的学者和台湾的学者，没有外国人。问题是钱包放在这里，拿还是不拿？因为我是团长，我要不拿，当然大家都不敢拿。我要不拿，大家会后都会不高兴。因为那是在 20 世纪 90 年代初，人们都很穷，所以我想了半天，我说，我要讲几句话：我先讲中国文化受惠于印度佛教，但印度佛教又在中国得到了发扬光大，希望佛法西来，在这里生根。我就讲了这么几句话，等于说希望他这个西来寺能给佛法很好的赞助吧。这样拿那个钱就好拿了，有所贡献了，而且他们对这三句话很重视，马上就用黑体字登在了他们的期刊上。我为什么这样讲？文化有时候确实有个异地发展的问题，佛教在印度八九世纪就已经非常衰落，几乎没有影响了，兴起的是由婆罗门教发展而来的印度教，到了14世纪，印度佛教基本上就消失了。今天在印度，佛教徒不过几百万人，很少，基本上都是印度教徒。可是佛教接下来在中国得到了很大的发展，在中国的发展恰恰就在八九世纪，禅宗就是在那时候发展起来的，并且使佛教的思想更加丰富了，其原因就是它充分吸收了道家思想和儒家思想。

乐：今天我们可能只能谈到这里了。两位老教授和做翻译的陈力川先生一定都很累了。我觉得今天的对话很有意思。昨天和力川谈到世纪意识这个话题。从两位老教授的对谈中，我感觉到21世纪的世纪意识应当是对话与和谐。汪德迈教授最近写了一本书，内容是表意文字和拼音文字与文化的关系，涉及文字的起源和中西方思维方式的不同。汪教授认为中国的表意文字是从占卜来的，它不是一种记录口语的工具，而西方的拼音文字则通过音节符号来记录语言，这是中西语言文化的根本差异。关于表意文字和拼音文字与文化的关系这个题目，我想提一个问题留作我们下一次讨论。我的想法是：从占卜来的表意文字和记录口语的表音文字构成了两个文化的源头。可是中国的思维方式恐怕不只一种，除了阴阳八卦之外，还有五行，以及阴阳跟五行相结合的情形。当然它们的结合可能是很晚的事情，而且这两个系统合成一个系统后，与汪德迈先生讲的占卜系统又有所不同吧。

汤：阴阳和五行曾经是两个系统。最早是《易经》提出“阴阳”的概念，《洪范》是讲五行的，这两个系统一直到汉朝才结合起来，影响非常大，中医就是从这儿来的。中国的天文历算也都是阴阳五行，中国的政治也与阴阳五行有关，所以它是全方位的。

乐：我的问题是阴阳五行和最早的八卦是什么关系？是并行的？还是结合的？希望我们下次能讨论这个问题。

二、中国文字、思维方式与西方文化

时间：2011 年 12 月 19 日

地点：北京大学朗润园汤一介宅邸

翻译：金丝燕

乐：我们接着上次的对话，继续谈语言和文化与思维方式的关系问题。

汪：中国文字和苏美尔文字、埃及文字一样是表意文字，而我们是表音文字。中国文字与苏美尔文字和埃及文字有很大的不同，这是我个人的看法。有很多语言学家持反对意见。我的看法是，中国文字本身就是语言，为占卜者所创造，有发音系统 。但如果你用甲骨文的读音来读甲骨文，无论是古代还是现在，恐怕无人能懂。因为这种语言很特别，我看像数学。甲骨文的卜辞不是普通的语言，是一种准科学性的语言，它与占卜辞有关，是古人的占卜记录。我的想法源于语言哲学，而不是根据考古学或者什么发现。我认为自甲骨文以来，中国古代的思想家有种特别的东西，这就是他们的占卜学逻辑。事实上用骨头做占卜有很长的历史，不光中国人，其他民族也有占卜的历史。这些民族的人本来是狩猎者，他们得到猎物后，给祖先、上帝、河神、山神等祭祀，祭祀的火焰灭了，他们观察在烧剩的骨头上出现的裂痕、探寻信息。在中国尤其特别，占卜经过准科学化的三个阶段。第一个阶段，占卜不是用普通的骨头，而是用龟甲。乌龟不是普通的动物，而是一种奇特动物。卜者用一个非常有意思的方式：钻凿，在龟甲的背面挖出特别的“洼”，而这些“洼”因为物理原因，在甲骨上出现的只有几种‘卜’形的兆坼，大概不会超过 6 个，所以不必用很复杂的方式，只要把那几组兆变换号码就可以抽签看兆坼。第一阶段用龟甲，第二阶段进入复杂的龟甲的裂法，第三个阶段是用数字，这些数字以后成为卦。数字卦是张政烺发现的，他明白数字卦是《易经》卦的原型，他还认为《易经》的数字卦跟占卜没有关系，是另外一种东西。这我就不能同意了。我认为占卜是从占龟来的。虽然尚无足够的根据，但我有自己的道理，不然怎么解释这样的数字卦爻？数字卦爻的出现，需要思想和理性，科学性由此产生。如果没有思想，物质的世界没有进步可言。中国的甲骨文到《易经》，是通过思想，通过天才，将下层建筑通向上层建筑。周文王从数字卦到《易经》八卦就是一个从下层建筑通向上层建筑的重大进程。中国的秦朝已经成为过去，而汉朝的影响不断。因此，在我看来，中国保持其特性和身份相当重要。

迄今为止，我们发现约有 30 件古物上面刻有这样的数字卦。大部分不是甲骨，而是普通器物，如兵器、陶瓷，也有甲骨。为什么在甲骨文以外还有数字卦片？这是因为数字卦来源于甲骨，并含有象征意义。用今天的话来说，那是人们喜欢的号码。在香港，如果有一个汽车的号码是999，这个号码就很贵，因为人们喜欢这个东西。在古代，大概在殷朝末年出现了数字卦。我对数字卦也有一个解释，《说文解字》说数字卦的卜是一个形声字，现在有的古文学家说它可能代表男人的生殖器，我不同意。我认为卦字是一个会意字，从‘卜’，从七一七一数字卦（古文七是‘+’，所以‘圭’是一个七一个一加上一个七一个一）来的，这个字汉朝以前没有发现，所以我的看法没有根据，但我有我的逻辑，卦是从卜来的，这样可以理解《易经》非常深刻的道理，理解为什么中国的占卜学一直深入到整个医学、整个历史之中。

西方的文化演变是完全不一样的，西方文化的演变是靠神学而不是占卜学。比较中西两种文化很有意思。现在我们占主导地位，因为在西方，科学发展很快，但将来如何？不知道，因为我看中国文化的想法也有道理。我在写给西方人读的书中，提出一个观点：是否可以有另外一条新路，由中国文化来代表，其中包括文学、文字学和医学。我非常佩服李约瑟（Joseph Needham），他本来是物理学家，也谙熟医学，他说中国医学一直到现在还有很多地方是我们的道理解释不了的。我看中国的科学，最重要的是医学。而在我们的文化中，最重要的是数学。我们的理想是用数学去阐释一切，中国并非如此。占卜学以后，形成阴阳五行的思想，在中国思想史上很重要。

中国的文言是一种特别的语言，因为它绝不是口语的书面化。在殷朝，开始有文字，甲骨文的卜辞也是在那个时代开始有的，人们用以研究吉凶。有些人认为这样的“裂纹”有意思，好像语素，而这一语言完全是“纹”，不是“口语”。我觉得董作宾有一个很好的意见，他说为什么发音“卜”，因为在骨头或者龟甲上敲的时候发出卜的声音，它是象声的结果。

卜辞中，宇宙是乌龟，乌龟是宇宙。要预见形而下的世界，必须知晓形而上的天道。这样就出现了时间的概念，当下的概念。文字开始变得很重要，语言在这里发展。

语言也用“象形字”，但那象形字不再是半坡或是大汶口图画，它们不代表东西而代表东西的概念。大概殷朝末年开始有比较长的文章，不但有卜辞，也开始有青铜的铭文。大部分专家认为在甲骨文之前，中国应该已经有文字，但只有甲骨文留下了痕迹，因为只有甲骨能够保存这些文字。他们设想古代在木头上刻写的文字现在已不存在了。但这是他们的假设，没有根据。如果在甲骨文之前已有文字，为什么青铜器上的铭文在甲骨文之后才出现呢？青铜器的出现应该早于甲骨文，果真之前有文字，为什么那个时候的青铜器没有铭文。初始，铭文很简单，只有祖先的名字，天干地支，一两个字，慢慢才发展出稍长的铭文。如果已有文字，为什么铭文从如此简单的文字开始。我认为，卜辞之前没有文字，卜辞之后才开始有铭文或其他文字。此后，占卜家开始用这些文字刻铭文，慢慢文言开始发展。周朝开始记录国王的言行，《春秋》也是从甲骨文发展来的。大概 500 年以后，在孔子的时代，文言成熟，但仍然不是口语。我不同意表意文字即口语文字的观点，古埃及和苏美尔是这样，但中国不是。

乐：当时中国的口语怎么表示？

汪：依我看，那时中国的口语没有书写体，一直到唐代。唐朝有变文，受印度影响，印度有的是表音文字。中国人开始从文言发展出一种口语的文字。以前没有，不需要。这是中国文字很重要的特点，我说过甲骨文时代，卜辞是一种科学性的语言，类似数学语言。在通常的科学语言里，数学、物理学等也有这些符号。这些符号是从口语来的，我们西方的语言，第一阶段是从口语脱胎出来的，先将一些词符号化，再将符号化的词语组织成口语，在中国并非如此。他们所用的符号不是来自口语，而是来自占卜。他们所用的符号，首先是在甲骨上通过占卜而成‘卜’形的兆坼，被看作‘文字’。他们创造了‘卜’旁的会意字，如‘贞’、‘占’。‘贞’，由“卜”和一个“鼎”组合而成。“贞”这个字的来源很有意思，《说文》上解释：“贞，卜问也。从卜贝。以为贽。一曰鼎省声。”我看“贝”是鼎省，可是不单是声而且是意，这也是一个会意字。“鼎”之意是“容器”。“贞”本意，把卜辞放入鼎内的意思，是卜的“内容”，即卜辞之“命辞”。占卜会意，从文不从口语。后者“占”，由“卜”字和“口”字组合，意思是占卜之言。这两个会意字是很好的例子。当符号、语素开始相连，形成词（即字），文言诞生了。

除了符号学和语言哲学，我没有别的根据。当然我是外国人，我的老师饶宗颐认为外国人有奇奇怪怪的想法，可以从别的文化角度看到有学问的中国人的未见之处，因为他们看见的，通常是中国文化的传统观点。我的看法有另一个角度，跟中国专家探讨甲骨文的含义和历史情境的兴趣不同，我关注的是甲骨文和卜辞本身的形式，我将之称为“占卜学的方程式”。

当然，文言和口语相互影响很大。但中国文言始于占卜。思想者不知不觉受到这种文字的影响，就像我们不知不觉受到神学的影响一样。19 世纪末年，“上帝死了”是尼采很有名的一句话，但是直到现在，上帝的概念仍然与我们有密切的关系，仍然有人认为世界是造物主创造的。在科学上也是如此，例如宇宙物理学的大爆炸理论，因为按照我们的想象，宇宙应该有始有终。我觉得宇宙大爆炸的理论很奇怪。我希望中国的物理学将来会有新观点，改正大爆炸的理论。这就是为什么我认为表意文字如此重要。

汤：我的想法是汪德迈教授的研究也许非常重要，他发现了，中国在很久以前有一种科学的语言，但是这个科学的语言并没有得到发展。如果在甲骨文之前的二三百年已有文字是最好的，但是现在我们都不敢肯定。但我有另外一个想法。按中国的传统讲法，应该是先有语言再有文字，而不是先有文字再有语言。中国对《易经》一直有一个说法，《易》有三圣，就是《周易》是经过三个圣人完成的：伏羲画八卦，文王演八卦，孔子做《系辞》来解释八卦。为什么说伏羲画八卦呢？根据《易传》的记载，“结绳记事”，伏羲是用绳子来记事的，开始的时候，人只有对错的认识，假如“一”道做对了，就用这样的符号记录，假如错了，就用一道中间加一个点，其形状就成为“–•–”，断开了。后来可能变成不要圆点，变成了两段，成为两个符号，这就是后来的阴阳，阴就是做错了，阳就是做对了。但人的记事不只有对错两种情况，还可以有既对又错，就是有对有错，也有既不对也不错的情况，这样至少就有了四种情况，加上完全错了，完全对了，就变成了四象，那么事情越来越复杂，就需要用更多的符号来记载。有了这些东西，就必须给它们一个名称，比方这个叫阳，那个叫阴。我们不知道古人的叫法，只能假设。伏羲只画了八卦，只有八种情况。后来各种各样的情况越来越多，到了周文王的时候就弄成六十四卦了，就是在社会上有非常多的不同情况，文王就用六十四卦把它们表示出来，当然这只是我的说法，是否如此不一定。文王认为六十四卦已经把世界上的是是非非都表示出来了。到了孔子《易传》的时候，他就给了它一个解释，给了它一个总的说法，《易传》的《系辞》里面有一句话：“范围天地之化而不过，曲成万物而不遗”。《易传》是不是孔子做的不能肯定，但是总有一个后人写了一个《系辞》，这个意思是什么呢？就是文王演的六十四卦已经把世界所有的问题包含在里头了，所以“范围天地之化而不过”，这个六十四卦把所有天地的东西都包含了，没有超过它的了。“曲成万物而不遗”，对这个“曲”有各种各样的解释，它主要指运动，就是在运动中间把万物的变化都包含在里面了。所以我的想法是，《周易》是一个系统，“《易》经三圣”不一定真的就是指三个人，可能是三个时代，三个阶段，伏羲是一个时代，文王又是一个时代，孔子又是一个时代，这样就使中国有了《易经》的系统。我从哲学家的角度来考虑，“范围天地之化而不过，曲成万物而不遗”，就是说在文王时代已经做成了一个模式，就是整个宇宙的模式，不管存在的东西，或者曾经存在过的东西，将来可能存在的东西，都可以从这个模式中找到它的解释，因为八卦在文王的时候就已经有它的卦爻辞了，就是已经有一种解释了。宇宙间的东西在六十四卦里都有了解释，这个解释可能是已经发生过的事情，甚至还有一些没有发生的事情在它里面也可以找到解释，因为后来《系辞》里讲它“范围天地之化而不过，曲成万物而不遗”，就是因为它已经做好了一个模式，什么都可以放到里面去了，不管你现在存在的，还是不存在的，都可以在里头找到一些解释，甚至过去曾经存在的，现在不存在了，也可以在这里面找到解释。它是这样一个解释系统，这就是中国哲学重视《周易》的原因。

乐：那这个系统跟语言有什么关系呢？就是跟口语或者文言有什么关系呢？

汤：没有关系，我没有从这个方面来谈这个问题。

汪：我同意汤先生的说法。

汤：但是最早给它这个命名，命名“阴”或者“阳”，或者日、月、天、地都可以，因为我们不知道它当时是怎么命名的，所有的名字都是后来人命名的，开始怎么命名不知道了，后来人就把它命名成“阴”和“阳”了，然后就是少阴少阳，太阴太阳，然后八卦又是乾坤坎离这一套东西，又给它一个命名，水火、刚健。

乐：这个就跟语言有关系了。

汤：或者命名成天、地、风、山，火、雷、泽，或者命名成刚健、柔顺。

乐：是口语？还是文言？还是分两种呢？

汤：我没有研究。我只是说当时可能是这种状况，当然它到底是怎么命名的，我不知道，但它一定有命名，否则就没法了解，就不能沟通了。但是一开始对、错肯定有两种名称，是什么我们不知道。那么再复杂一点，就有四种名称，接着形成了八种名称，然后是六十四种，六十四卦都有名称的。至于名称是什么，是谁在什么时候命名的，应该说八卦的时候，是伏羲命名的，六十四卦应该是在文王的时代被命名的，到《系辞》的时候就把它变成一种哲学学说了，那么这样一个六十四卦的符号的意义在什么地方呢？就是它把天地万物都包含在里头了，外面不会再有了。我觉得这个系统对中国影响非常大。为什么呢？就是在《易传》里面实际上包含了中国最重要的两个哲学系统，一个哲学系统认为六十四卦是一个模式，这种模式把世界万物的各种状态都包含在里面了，都可以解释了，都可以找到根据了，所以它是“范围天地之化而不过，曲成万物而不遗”。就是从空间讲，它是“范围天地之化而不过”的，都包含在里面了；从时间讲，它是“曲成万物而不遗”的，“曲成”是有流动性的，是流动性形成万物而不遗，从时间上讲，它也是包括在里头，就是说时空都包含在此，都可以在此解释。所以我觉得《易经》是中国哲学的源头，它是给了一个模式，这个模式是什么东西？是不是宇宙的发展真的如此，我们不知道，这是人给它的模式，这就是一种哲学，而且这种哲学就像西方的本体哲学（ontology），是一个系统。我认为这个系统跟殷墟的系统是两个不同的系统，殷墟的系统正如汪德迈教授所说的是表意的系统，记事的系统。它是怎样产生的？皇帝要问吉凶，最初怎么问现在不知道，但是到甲骨文上面，至少有一种情况，正如汪教授所说，他要用乌龟壳，或者羊的肩胛骨，用火烤，烤出各种纹路，出来的这种纹路到底是什么东西，一般人是不会解释的，要巫师来解释，他的解释就用一些文字记录下来。

乐： 用什么文字记录呢？

汤： 用象形文字记录下来。比如日、月。

乐： 这与苏美尔文字一样吗？

汪： 苏美尔文字一开始也是这样，但是，大概过了二三百年后，就不一样了。

汤： 比如人的祭祀，它的甲骨文相当于一个人跪在那里，历史的“史”是一个人拿着笔来写东西。所以就出来了“史”的甲骨文。

乐： 那时候已经有语言了吗？

汤：我总体认为都是先有语言后有文字，不是先有文字再有语言的，这八卦也一样，它一定是做事做错了，给它一个符号。

汪：我完全同意先有语言后有文字的观点。可是我以为，原始的汉语与甲骨文之间，还有一个只有古代中国文化特有的过程，即原始科学性的占卜学之形成。甲骨文是这个过程的产物，所以卜辞本来是方程式。我的问题是：甲骨文之后，文字是如何成为文学的工具的？在有的文化中是文字记录口语。我的看法是，中国有文言，但不记录口语。我也完全同意在文言里有很多象形字，半坡的史前中国文化的图画类似象形字，但是什么时候开始有了带有语言性质的象形字结构呢？先有‘卜’形的兆坼，再有作为语言的‘卜’字。为什么甲骨文是语言，因为卜辞把别的各种符号合起来成为一种文字系统，如果没有文字系统的话，可能有符号，但不是语言。语言应该有链接，我看在卜辞里最重要的是代表链接而成的词：卜，贞，占。

汤：我的理解是，汪先生认为古文的语言是后来的，文言是后来的，因为更早的语言还是口语的，而后来的古文的语言，反而是一种科学的语言，可以发展出中国的科学。但后来这种语言又变成了口语化的语言，所以我们的科学没有得到很好的发展。我觉得这个意见是应该得到研究和重视的。实际上张政烺他们对《易经》的解释，一种是数字卦，一种是符号卦，汪先生把张政烺先生的数字卦给完善了。我觉得可以很好地研究下去。我的想法是中国确实是有两套东西，一套东西是从《易经》发展出来的，一套东西是从占卜发展出来的。

汪：这样的东西一共不过六个，即兆坼，而这六个兆坼，我看跟八卦类似，以后发展出很多，八卦成为重卦。这是中国非常重要的逻辑思想，即便今天不太容易为人所理解。

乐：不过我们可以把这个问题再深入一步，比如说两种文化是这么样的不同，从开始就不同，那么现在怎样让两种文化互补呢？

汪：现在的文化受到相互影响，我认为，应该利用别的文化的优点，并保护自己的文化，但是将来会怎么样呢？希望中国文化能很好地保护自己的特点，很多古老的文化现在没有了。法国诗人瓦雷里说过，文化是可以消亡的。

汤：历史上已经有很多文化都消失了。

乐：像苏美尔文化、玛雅文化都消失了。

汤：我想是不是会有这样一种情况，就是有比较长的历史文化传统的文化消失起来是比较困难的，比如中国五千年的历史是很难消失的，印度文化也有很长的历史，也是很难消失的。希腊和希伯来文化结合产生的西方文化，伊斯兰文化都有很长的历史，也很难消失。任何一种有较长历史的文化都应该很好地保护自己文化的主体性，主体性保护得越好，发挥得越好，就越有能力吸收外来文化；对自己文化的主体性保护得不好，或者发挥得不好，就越不容易吸收外来文化。中国文化今天存在的问题就是我们有相当长的时间没有很好地保护自己的文化，吸收西方文化常常只吸收了西方文化的皮毛，没有吸收好西方文化的精神，就是因为我们对自己的文化慢慢地丢掉了。你必须有自己文化的主体性，才有能力吸收其他文化的优秀的东西，而不是吸收它那些乱七八糟的东西。所以汪先生说我们要保护好自己的文化，保护自己的文化不是为了排斥其他文化，而是为了有能力吸收其他文化，它应该是这样的关系。和汪教授的对话使我很受鼓舞和启发，因为汪先生在寻找一个很有意思的东西，中国的科学本应该发展得很好，但是后来为什么没有西方科学发展得那么顺利呢？

乐：这和表意、表音文字有关系吗？

汪：这个很难说。科学的基础是数学，可能中国的数学不如希腊的发达。而我们的数学可能很发达，但却不会看具体的事情，我们太依赖抽象的方法了。然而所有的科学不可能都被数学化，如医学，神经学，人类科学，没有办法数学化。

汤：我的想法是中国的数学，从比较早的《周髀算经》，还有《九章算术》，这些都是汉朝的著作，在解题上是非常聪明的，《周髀算经》解题解得很好，但是它只是解释题目，而没有把解释题目理论化成为一个系统。西方的几何学，如从欧几里得发展出来的几何学，论证很清楚，可中国《周髀算经》《九章算术》的论证都不太清楚，它算出来了，结论是对的，但是它论证过程不清楚，或者他们认为不必说得太清楚。西方一步步非常清楚。我们是能把这个题目解得非常好，最后结论非常对，但是一步一步的逻辑还不太清楚。这是中西在科学上的差别。到目前为止，中国学习西方的技术很快，要卫星上天就上天了，造宇宙飞船学得也非常快，但是中国还没有出现震撼世界科学界的理论系统，像爱因斯坦（Albert Einstein）、霍金（Stephen William Hawking）等人一样。

汪：爱因斯坦还有一个特点，就是他代表以赛亚的非常独特的历史，这个民族受到非常厉害的压迫，压迫的后果却使他们成为最聪明的人。世界上最聪明的数学家是犹太人。

汤：文化的发展常常是在社会动乱的时候发展得比较好，比如中国的春秋战国，那是个混乱的时代，但是百家争鸣，有那么多的学派，大家都在想怎么解决这个问题。汉朝末年已经衰落了，魏晋南北朝才可发展出魏晋玄学，佛教也才可以进来并得到很大的发展，常常是这样的。我觉得现在的世界也是个混乱的社会，也许将来会出现大的思想家把这些问题梳理清楚。

乐：最后再向汪德迈教授提一个问题，您认为表音文字与神学是不是必然有联系，表意文字是否和中国的文化思维必然有联系，因此也一定会出来跟西方不同的非神学的东西？

汪：我想是有必然关系的。表音文字使思想比较独立化，它与形体的关系不太密切，你看英文、法文，看到的是完全抽象的东西，你不会去联想初始的文字是什么状态，你只有概念，别的东西是可以不管的，没有具体的东西。但表意文字实际上与形体的关系很大。你看一个字就会觉得像什么，不知不觉受到影响，但是这方面我没有太多的研究，应该向脑神经学家请教。

汤：不知道汪德迈教授有没有遇到过这种情况，如英语说的existence，它是个符号化的东西，符号化的东西得有一个严格的程序才行，有程序的文字是容易发展出科学来的。那么中国的象形文字如“日、月、星、天、地、人”，它们一出现就给人一种整体意象，这样就不容易发展出符号程序，但是它容易发展出艺术，中国书法家为什么写出来的东西非常美，就是它容易出艺术，不容易出科学。我们的绘画与西方的绘画就不一样，西方的绘画艺术要求跟实物一样，画美人就是要模仿，要像，我们经常是画意象，所以我们容易发展艺术、书法、绘画、诗歌等。

汪：我看，中国的思想和字是不分开的，在中国的文言中，词就是字，字是概念，所以要创造一个新概念词不容易。在表音文字中，要创造新概念很容易，我们可以随便把各种各样的表音文字合起来，这么做比较简单，但有危险，因为有许多哲学家，他们谈的概念是空的，人家没法懂，太抽象，例如有的语言学家看到中国文字有声旁形旁就以为中国文字的声旁跟埃及文字的声旁一样，创造‘指声’的概念，代表表意文字变成表音文字的第一阶段。我认为这两种文字完全不一样。中国文字开始有形声字是在甲骨文，三千年以后这样的萌芽还没有开放！我看中国声旁是一个非常有意思，非常讲究的办法，因为会意字不好造，形声字可以造很多，所谓声旁也是一种形旁，一种比较容易造的形旁，与埃及的完全不同。表音文字太容易造空洞的概念，但表意文字的问题是不太容易创造新概念。

汤：我们的概念很多是从印度来的，比方说般若、涅槃、比丘尼等等，它们是译音的，但都是从印度来的概念。我们原来也有一些概念，比方说《周易》的“易”字，还有道路的“道”都是非常重要的概念，像这些词不能译成英文，只能音译，因为你翻成哪个词都不相当，如“心”你翻成 heart 不行，翻成 mind 也不行，因为我们的“心”既是 heart 又是 mind，这样非常复杂，只能译音，不能翻译。其实我们对西方的很多东西也是译音，印度的东西我们也是译音，信、达、雅，难呀。谢谢汪先生。

乐：今天我们大概就只能聊到这里了，两位教授谈得都非常好，非常有启发。

附　录

汪德迈中国思想文化研究的要点

[法] 金丝燕

汪德迈先生晚年思想清晰年轻，学术活动和著述不断。他基于对中国思想史的深入研究，指出，21 世纪的中国可以以其悠久而丰富的治理思想与经验为世界寻求新的社会模式提供参照。中国思想源于中国文字，中国的文字是表意文字，这种文字的起源与占卜联系密切，对中国思想文化模式的形成起到奠基作用。

汪德迈中国思想文化研究的要点如下。

1. 作为科学原型的史前中国占卜技术所展开的思维，并非宗教性的神学，而是准科学性的占卜学。

2. 中国文字的创造归于龟卜兆纹的外推法。

3. 文言文离自然语言相当远，十分系统规范化

（六书的系统文字代替自然产生之词，卜辞类似数学的方程式句构，代替自然语言句构），体现另一种高度抽象性。

4. 西方文学起源于古典神话的口述（《伊利亚特》,《奥德赛》），中国文学起源于占卜学者（史）用文言文记录原本与卜辞有关的各种资料。

5. 西方思维完全不受印欧语言的语义系统限制，因其为字母文字，可以任意创造所需的概念，但容易陷入空虚概念的语言游戏，中国思维受文字系统限制，不创造文字以外的概念，不容易进行改革，可是有客观性的保证。

6. 中国传统科学（尤其医学）的特性乃相关性系统思维，西洋传统科学（尤其物理学）的特性乃因果关系性系统思维。

7. 中国是礼学传统，西方乃权理传统。

8. 西方思想在启蒙运动中形成现代性，而中国的现代性起源于与外来文明的冲突，其启蒙始于中国 20 世纪初的五四运动。

出版后记

北京师范大学跨文化研究院近年汇聚了一批中外著名人文社会科学学者共建“跨文化学”。其中的外国学者们，应邀来到北京，与中国同行一道，为北京师范大学每年定期举办的跨文化学研究国际课程班讲学或参与相关重点项目研究。双方跨越不同社会、不同文化和不同学术传统的边界，探讨跨文化研究的理论与方法论，主要在哲学、政治学、比较文学与世界文学、文艺学、艺术学、语言学、民俗学和科技史学等领域，选择适合跨文化的选题，面向研究生授课、师生对话，再经修改和完善讲稿，出版专题研究著作，纳入“跨文化研究”丛书出版。这批著作不会在单一学科内产生，而需要在跨文化的视野下多学科会战；不拘泥于单边跨文化的以往局限，而是接受多元学术传统和文化多样性，建设开放性的交叉研究新空间。今年是这项工作开展的第五年，我们拟将“跨文化研究”丛书的出版计划，在保持原有开放势头和面上拓展的基础上，向纵深发展。出版《汪德迈全集》正是这个转型的标志。

我们的中外同仁多年来一直给予大力支持，在此要向他们道谢！特别需要感谢的有：法兰西学院副院长、法兰西学院金石美文学院终身秘书长米歇尔·冉刻（Michel Zink）教授，敦和基金会理事长、北京师范大学跨文化研究院理事长陈越光先生，北京大学乐黛云教授，北京师范大学王宁教授。

《汪德迈全集》博大精深，法文翻译难度极大，金丝燕教授承担了汪先生大部分著作的翻译工作。巴黎索尔邦大学广场旁的“书桌”咖啡馆是两人常年工作的地方。那是一场携手同行的长途精神跋涉，现在仍在继续。

《汪德迈全集》中的一部分著作由汪先生在北京的讲稿脱手而成，经汪德迈先生委托，由董晓萍教授负责这批讲义的补充注释、文字整理和全书通稿工作。这是另一种形式的跨文化，以思想见面为主，网络代替了“书桌”。

汪德迈先生在北京高校讲学期间，部分中外师生参加了教辅工作，他们是：[法]陈陶然、赖彦斌、吕红峰、史玲玲、陈辉、高磊、罗珊、徐令缘、谢开来、王文超、王迅、付韵蕾、司悦、刘芳、李华芳、李亚妮、石鸿雁和李岩。还有其他同学召之必来，互相配合，虽不能在此尽数他们的名字，但这些美好的点点滴滴不能忘记。凡有功劳者必谢！

中国大百科全书出版社几年来承担了“跨文化研究”丛书和《汪德迈全集》的出版工作，是这批中外学者的亲密合作者。感谢刘国辉社长和郭银星博士的长期支持，同时感谢该社社会科学学术分社副社长曾辉先生。郭银星应邀作为《汪德迈全集》

的全程责编，从编辑、出版到印制一力承担，一如既往地追求高品质的图书，在此要向她反复致谢！

董晓萍　金丝燕

2020 年 3 月 2 日